Anonymous

**ErbfolgsGeschichte des Herzogthums Baiern unter dem Wittelsbachischen Stamme Fünftes Stück. 2**

Anonymous

**ErbfolgsGeschichte des Herzogthums Baiern unter dem Wittelsbachischen Stamme Fünftes Stück. 2**

ISBN/EAN: 9783742884107

Hergestellt in Europa, USA, Kanada, Australien, Japan

Cover: Foto ©Andreas Hilbeck / pixelio.de

Manufactured and distributed by brebook publishing software (www.brebook.com)

Anonymous

# ErbfolgsGeschichte des Herzogthums Baiern unter dem Wittelsbachischen Stamme Fünftes Stück. 2

# ERBFOLGS-GESCHICHTE DES HERZOGTHUMS BAIERN UNTER DEM WITTELSBACHISCHEN STAMME: FÜNFTES STÜCK. 2

Friedrich Christoph Jonathan Fischer

Friederich Christoph Jonathan Fischers

# Erbfolgsgeschichte

des

## Herzogthums Baiern

unter

dem Wittelsbachischen Stamme.

---

Fünftes Stück.

---

1780.

Die Epochen, die mir jetzt zu durch-
wandern obliegen, sind zwar an
erbschaftlichen Begebenheiten weit reichhaltiger
als die vorhergehenden; allein, weil sie größten-
theils in die eignen Fächer einer Pfälzischen,
Niederländischen und Brandenburgischen Erb-
folgsgeschichte gehören, so kan ich einen Theil
davon nur im Vorbeigehen berühren, und muß
vieles ganz überspringen. Sogar von dem
Stifter der Stammreihe, die ich jetzo zu
betrachten habe, darf ich nur wenig sagen; da
der größte Theil seiner erblichen Angelegenheiten,
die sich auf Baiern beziehen, mit jenen von
dem Herzoge Heinrich in Verbindung standen,
und daher schon in den beiden ersten Stücken
dieser Geschichte ihre Aufheiterung fanden.
Nichts zu gedenken, daß auch die größere Ein-
schränkung, die ich theils wegen der Menge
Urkunden

Urkunden, die über die Hauptsache vorhanden sind, theils wegen veränderter Lage der politischen Dinge, meinem Plane zu geben genöthigt bin, mich bestimmt, von vielen Gegenständen meine Aufmerksamkeit abzulenken, die sonst nach dem ersten Entwurf mir nothwendig aufgestoßen wären. Ueberdem finde ich auch bei der Anordnung der Beweisstellen eine Abänderung zu machen rathsam. Die ersten vier Stücke wurden von mir bloß aus gedruckten Quellen und bekannten Nachrichten geschöpft und ausgearbeitet. Jetzo aber bin ich von verschiedenen hohen Gönnern mit ungedruckten Urkunden und neuen Entdeckungen aus Archiven unterstützt geworden, die ich demnach, um die Bereicherung der ganzen Geschichtskunde den Historikern und diplomatischen Sammlern desto kennbarer zu machen, allezeit in einem eigenen Urkundenbuche zusammenstelle, das ich künftig jedem Stücke anhänge.

Nach

Nach dem Tode Ottens des Erlauchten blieben seine Söhne ein paar Jahre in der genausten Gesammtherrschaft. a) Im Jahr 1255 theilten sie endlich ihre Länder. Aus dem Theilbrief selbst können wir zwar dem Leser keine umständliche Nachricht von der Beschaffenheit dieser Abtheilung geben, weil er sich sowol aus dem innern als äußern Archiv zu München unsichtbar gemacht hat. b)

Indeß

a) *Io. Trithemii Ann. Hirſaug. ad a.* 1245. *Tom. I. p.* 579. Reliquit autem duos filios Ludowicum natu maiorem et Henricum fratrem eius natu minorem, qui per annos decem principatum patris tam in Bauaria quam circa Neccarum et Rhenum fraterna communitate poſſederunt.

*Io. Adlzreitter Ann. Boic.* P. I. L. XXIV. n. 14. col 639.

b) Nach der Archivalnachricht des Augustin Koelners beim Herrn Geheimenrath Bachmann in der Zweybr. Vorleg. §. 55. S. 63. scheint die Existenz eines Theilbriefs von 1255. bezweifelt zu werden. Indeß giebt Koelner doch an andern Orten, die ich eingesehen habe, beſſere Nachricht davon. In der kurzen Geschichte von der Erbfolge in Baiern bei dem Wittelsbach. Haus von 1180. bis auf unsere Zeiten, aus den Herzoglichen

Indeß haben doch die gleichzeitigen Annalisten Verschiedenes davon aufgezeichnet, und wir können aus

Lebenbriefen gezogen (die des Herrn Geheimenraths Baron von Obermayrs Excellenz, aus Gelegenheit des 1766ger Hausvertrags, zum Privatgebrauche des letzten Baierischen Kurfürstens verfertigt haben) heist es: „Die „Urkunde von der Abtheilung, so sie in diesem Jahr „getroffen haben, ist noch unbekannt," und in der Note: „Dieser Theilbrief wird zwar in den Registern „abschriftlich angemerkt. Er ist aber an dem angezeigten „Ort entkommen. Man trift hingegen noch die alten „Saalbücher an, worinn die abgetheilte Länder und „Aemter zu finden, welche eben darum sehr merkwürdig „sind." Da nach dem Tod des Kurfürsten Max. Joseph genauere Nachforschungen in dem Münchner Archiv angestellt worden sind, so erhielt man vermuthlich auch hierüber mehrere Aufklärung, und der ebengedachte verehrungswürdige Schriftsteller strich in seiner Geschichte die Worte: ist noch unbekannt, wieder aus, und schrieb dafür an den Rand: liegt im geheimen Briefgewölb. Noch andere sehr schöne, und, (wie ich mich mit meinen eigenen Augen überzeugt habe) auch sehr richtige Bemerkungen über diese Sache, stehen in der Kön. Preußischen Abfertigung der K. K Beantwortung des Nachtrags zur Königl. Pr. Erklärung an Ihre Mißstände ꝛc. S 9. wobei ich zugleich dem Publicum die Entdeckung machen kan, daß von der bekannten Aettenkhoverischen Kurzgefaßten Geschichte der Herzoge von Baiern, die 1762. zu Regenspurg herauskam, nicht der noch lebende

aus den nachgefolgten Verträgen ganz sicher auf
ihren wesentlichen Inhalt schließen, der besonders
durch allerley Nebenumstände bis zur Gewißheit
gebracht werden kan. Wir wollen zuerst die
Zeugnisse der Schriftsteller abhören. Der Erste
davon ist der Abt Hermann von Niederaltaich, der

A 4      sich

Archivar Aettenkhover zu München, sondern ebenfalls,
der sich um sein Vaterland ewig verdientgemachte Johann
Euchar Freyherr von Obermayr, Verfasser ist. Alles,
nicht nur die Geschichte, sondern auch die Vorrede und
Urkundensammlung sind von Hochberoselben eigenen
Händen, und Aettenkhover hatte nur die Abschrift und
den Abdruck davon zu besorgen. Eine in Baiern ehmals
und Heutzutage ganz gewöhnliche Sache.

Meine Behauptung, daß sich der 1255ger Theilbrief
auch in dem innern Archive unsichtbar gemacht habe,
ist, ohnerachtet der obigen Randglosse, dennoch richtig.
Ich berufe mich deswegen auf die von dem Kurfürstlichen
Ministerio ohnlängst gemachte Untersuchungen. Es heist
darinnen: „Der Theilbrief de a. 1255. zwischen den
„zweyen Brüdern Ludwigen dem Strengen in Oberbayern
„und am Nordgau Herzogen und Pfalzgrafen am Rhein,
„dann Herzog Heinrichen in Niederbayern, wird als
„abgängig angeführt. Er war aber doch einmal sicher
„im Archiv, weil ihn Augustin Koellner in seinen Excerptis
„mit Anfang und Ende bemerket, und die Copie im äußern
„Archiv vorhanden gewesen, aber auch entkommen."

sich als geheimer Rath an dem Hof des Herzog Heinrichs aufgehalten, und mithin von der Sache die beste Kenntniß gehabt hat. Er erzehlt, daß bey der Theilung seinem Herrn durchs Loos der Herzogliche Titel mit dem größern Theil von Baiern zugefallen wäre, worunter Regenspurg, Kamb, Kelheim, Erding, Landshut, Oeting, Burghausen, Reichenhall, und alles was zwischen diesen Oertern und den Oesterreichischen und Böhmischen Ländern gelegen ist, begriffen gewesen. Der andere Bruder Ludwig hätte Oberbaiern mit der Pfalzgrafschaft am Rhein und dem Burggrafthum Regenspurg bekommen. c) Mit dieser Erzehlung stimmen außer seinem Kapellanen Heinrich Stero, b) verschiedene Augspurgische, e) Oesterreichische, f) und einige etwas spätere Baierische Chroniken, g) des-

e) In Chron. ad a. 1255. Tom. I. Script. rer. Boic. pag 676.

b) Ad a. 1255.

e) Ad a. 1255. in *Freberi* Script. rer. Germ. Tom. I. pag. 531.

f) Ad a. 1256. cit. l p. 466.

g) Anonymi Chron. Bau ad an. 1255. inter *Pezii* Script. rer. Austriac. Tom. II. col. 77.

desgleichen der noch jüngere Geschichtschreiber des Baierlands, Veit Arenpeck, b) überein. Ein andrer ganz gleichzeitiger Schriftsteller Bernhard Norikus aber, den der P. Hieronymus Pez herausgegeben hat, behauptet, daß Baiern in zwey Fürstenthümer abgetheilt worden sey, i) das jedoch, wie es der Verfolg seiner Geschichte zeigt, ein offenbarer Irrthum ist; denn er sagt dabey: es hätte Pfalzgraf Ludwig den Theil Baierns erhalten, der am Rhein liege. Eben so wenig richtige Kenntnis von der Sache scheint der mit Kaiser Ludwig gleichzeitige Lobredner gehabt zu haben, da er den einen Bruder Herzog in Oberbaiern, und den andern Herzog in Niederbaiern betitelt, f) welches den sämtlichen Urkunden widerspricht, indem der Titel Herzog in Ober- und Niederbaiern erst

im

Anonymi Chron. Bau. in *Gewoldi* Aduerſ. conferu. ad a. 1255. in *Oefelii* Tom. I. Script. Boic. p. 389.

h) In *Bernh. Pezii* Theſauro Anecdot. Nouiſſ. T. III. P. III. col. 274.

i) Chronica Babarorum in *Hieron. Pezii* Script. Auſtr. Tom. II. col. 72. ad a. 1240.

f) Chron. Ludouici IV. Imp. cit. l. col. 417.

im XV. Jahrhundert aufgekommen ist. l) Weit
besser stimmen mit der ersten Nachricht die zwo
abgekürzten Baierischen Chronicken, m) der Priester
Andreas von Regenspurg, n) und die ganz neuere
Historienschreiber, Aventin, o) Adlzreitter, p)
Brunner, q) Meichelbeck, r) und Tölner s) überein;
welcher

l) Zwenbrück. Verlegung der Fideicommissar. Rechte auf
Baiern §. 60. S. 72.

m) In Tomo I. Script. rer. Boic. p. 654. et in T. II.
pag. 339.

n) In Chron. Gen. T. IV. P. IV. *Pezii* Thes. Anecd.
col. 533. a. 1255. Ludwicus et Heinricus Duces Bavariæ
Filii Ottonis diuidunt Bauariam; Ludowico, qui fuit
maior natu cessit in partem Bauaria superior cum
comitatu Palatino Rheni et ciuitate Monaco; Heinrico
vero Bauaria inferior cum ciuitate Landshut.

o) L. VII. c. 7. n. 3. p. 663.

p) P. I. L. XXIV. col. 639.

q) P. III. L. III. col. 181.

r) In Historia Frisingensi T. II. P. I. p. 43. Post ferias
Paschales h. a. (1255) quae in mensem Martium inci-
derant Boiaria in duas partes diuisa est ac distributa
inter Ludouicum et Henricum defuncti Ducis Ottonis
filios. Boiaria superior cum aliis quibusdam dominiis
et iuribus Ludouico obtigit, caetera Henrico cessa.

s) In Historia Palatina c. 19. p. 401.

welcher letztere sich nur bei der Behauptung des
Erstgeburtsrechts Pfalzgraf Ludwigs irrt, als
worinn er am besten durch das Zeugniß des unge-
nannten Mönchs aus dem Kloster Fürstenfeld
widerlegt wird, welcher ausdrücklich sagt, daß die
beiden Brüder ihre Länder miteinander gleich
abgetheilt hätten. t) Sein Irrthum entsprang
aus den übelverstandnen Stellen des Priester
Andreas und des Abts Tritheim. u) Dieser letztere
hat unsre Theilung in seiner Spontheimischen Chronik
am besten vorgetragen. v)

Aus allen diesen Nachrichten schöpfen wir nun
den Unterricht, daß der ältere Bruder, Ludwig der
Strenge, die Pfalzgrafschaft am Rhein, das
Burg-

t) In *Oefelii* Tom. II. Script. Boic. p. 555.

u) *Ann.* Hirsaug. Tom. I. p. 579. Verum postea
suborta inter eos discordia principatum et terras Dominii
paterni tali inter se partitione diuiserunt. Ludouico
primogenito in diuisione accessit Comitatus Palatinus
Rheni cum electione Imperii cum certis terris aliis in
Bauaria superiori videlicet Amberg et his, quae hodie
in Bauaria iuris sunt Comitis Palatini cum titulo
Ducatus. Henricus autem Landshutam Monacum et
reliqua, quae in superiori et inferiori Bauaria possedit.

v) Operum P. II. p. 277.

Burggrafthum Regenspurg, und zur Gleichstellung mit seinem jüngern Bruder Heinrich, welcher den größten Theil Baierns erhielt, ein Stück von Oberbaiern und dem Nordgau bekommen hat. Wegen Führung der Reichsfürstlichen Gerechtsame, insbesondre der Vorrechte ihrer Hauptländer, Pfalz und Baiern, verglichen sie sich auf diese Weise: daß Ludwig allein die Vorrechte der Pfalzgrafschaft, Heinrich aber diejenige, die dem Herzogthum Baiern anklebten, sich zueignen sollte. Dabei unterließen sie doch nicht den gleichen Titel und das gleiche Wappen ferner fortzuführen, und übten bey Gelegenheit über ihre beiderseitigen Länder Gemeindsrechte aus. Da sie auf diese Weise von einander nicht ganz abgesondert, und noch weniger todtgetheilt waren, so konnte es nicht anders geschehen, als daß über die Ausübung der gemeinschaftlichen Rechte verschiedne Irrungen unter ihnen entstehen mußten, die bei der Ränksucht des einen, und bei dem heftigen Charakter des andern, leicht in Ausbruch kamen.

Sie betrugen sich zwar lange Zeit friedlich miteinander. 1256 wählten sie den Römischen König

König Richard. w) 1261 kamen sie unter sich überein, daß wenn die von den Vorfahren vergebene Lehen heimfällig würden, solche alsdenn gemeinschaftlich wieder verliehen werden sollten, wofern sie nicht für gut fänden, dieselbe in Ansehung des nutzbaren Eigenthums zu vertheilen. 1262 empfing Herzog Heinrich für sich und seinen Bruder die Paſſauiſche Lehen in Gemeinschaft. x) In eben demselben Jahr machten sie zu Verhütung der sich bereits geäußerten Grenzirrungen eine Regulirung ihrer ersten Theilung, die ißt eine bestimmte Form zu erhalten y) anfieng. Man bedung zugleich: daß

w) *Hermanni* Abb. Alt. Ann. ad a. 1257. in *Oefelii* T. I. Script. Boic. p. 676. *Io. Staindelii* Chron. ad h. a. ibid. p. 506. Chron. August. ap. *Freber.* Script. rer. Boh. T. I. p. 491. Vergl. Meine Abhandlung vom Herzogl. Baierischen und Pfalzgräfl. Rheinischen Kurrecht. Frankfurt, 1779. S. 6.

x) Siehe oben St. II. S. 59.

y) Noch ist nicht mehr im Publico davon erschienen, als das Fragment, das ich oben St. II. S. 60 und 61 angebracht habe. Das Original liegt im innern Archiv zu München Schubl. XCII. Bis ich einmal im Stande bin, seine Abschrift bekannt zu machen, will ich indeß den Auszug hier einrücken, den der Jesuite Brunner,

daß die andern Erbschaftsstücke, die noch in fremden Händen wären, erst in der Folge abgetheilt werden sollten;

der daſſelbe ebenfalls in der Hand gehabt hat, daraus machte. Ich werde mich dieſes Auswegs im ähnlichen Falle noch mehrmal bedienen müſſen.

*Brunneri Ann. Boic.* P *III.* L. *V.* col. 209. Primum anno huius Saeculi LXII. Conrado Friſingenſi Epiſcopo annitente in ea vrbe concordiae pacisque ſemina iacta ſunt, inductique principes, vt rerum ſuarum arbitrium nobilitati permitterent. Lecti ab Henrico Ludouicus pincerna Flugelſpergius, Sifridus Fraunbergius, Henrici duo Fholingus et Rorbachius. Ludouicus Bertholdum Mareſchallum Schiltbergium, Arnoldum Meſſenhuſium, Winhardum Rorbachium, Henricum Iſolzriedenſem nominauit. Hi octouiri Fridericum Regulum Truhendingium Principum propinquum adſciuere velut honorarium arbitrum qui in ambiguo iure et paribus vtrinque calculis vltimam valituramque ſententiam diceret. His ergo in commune conſultantibus prior prouinciarum ſortitio confirmata; quae ex interuallo accreuerant, ex aequo et bono diuiſa, vtriusque principis clientibus libertas connubiorum permiſſa, ea tamen conditione vt partus ventrem ſequeretur et ad maternam clientelam pertineret. Arx Inkofenſis a matre principum maiori natu filio oppignorata ad matrem redire iuſſa. Condendarum muniendarumue arcium proferendorum per emtionem limitum, niſi ex communi conſenſu vtrique facultas adempta. Actor forum rei ſequi iuſſus, ſi is alibi cauſam dicere con-

sollten;. keiner dürfte ohne Einwilligung des andern für sich allein Erwerbungen machen; wenn aber etwas in einem Theile durch die Eviction hinwegkäme, so wäre der Schade von beiden zugleich zu tragen. 1265 brach ein neues Misverständnis aus, das doch durch die Vermittelung verschiedener Personen bald wieder beigelegt wurde. In dem errichteten Vergleich ward dem Herzog Heinrich die Münze zu Regenspurg auf den Fall allein zugesprochen, wenn er durch zween Zeugen erweisen könnte, daß sie ihm nach der ersten Theilung gebührte. Außerdem sorgte man in den beiderseitigen Ländern für eine gleichmäßige Verwaltung der Regierung und des Justizwesens, und gab zu dem Ende einerley

Ver-

tempsissiet. De agris conterminis et limitibus omnino omnibus, qui controuersi essent, priuatos capere iudices permissum. Aequitas in tribunalia reuocata, amandatae coruptelae. Commerciis viatoribusque omnia peruia facta. Si quid ex iis quae fortito alterutri principum obtigerant, iure olim euinceretur adimereturque, id damnum ambobus ex aequo luendum pronunciatum est. His conditionibus foedus ictum. Signatae tabulae et testibus roboratae inter quos Preisingiam et Fraunbergiam gentem hodieque superstites agnoscas; caeterae occidere.

**Verordnungen.** 1) Um diese Zeit erhielten die Gebrüder die Konradische Erbschaft in Schwaben und

1) *Brunner. c. l. col.* 210. Intra triennium (a. 1265. III Non. Mart.) ab eo compromisso elapsum noua litium silua subnata, principibus iuxta patriaeque malo futura, nisi tempestiue per arbitros succideretur. Ii fuere Gebhardus Comes Hirspergius Principum affinis, Fridericus Truhendingius, Fridericus Burgravius Norimbergensis, Sifridus Fraunbergius, Arnoldus Messenhusius, Henricus et Winhardus Rorbachii. Eorum arbitrium in campis Merchingensibus relatum in tabulas multa capita continet, fastidio futura, si omnia transcribantur, potissima agnosci operae est. Monetariae primo Ratisbonensis emolumenta Henrico Duci confirmata si iuratis testibus duobus probasset, eam sibi prima sortitione obtigisse. Iudicatum interesse concordiae clientes alterius ab altero non recipi detineriue, ne redintegrandae gratiae quidem causa, si ea excidissent; multo minus ob caedem factam fugitiuis apud alterum asylum suffugiumue aperiendum. De tributo Rosenhaimensi pronunciatum, iuxta leges Wasserburgi latas examinandum, quodque ex XXI viris VII censuissent, ei standum videri. Pontes Abacenses et Kraiburgenses Henrico Duci adiudicati, repraesentatis fideiussoribus id Ludouico fratri fraudi non fore. Fideiussoribus certa loca, vbi pro damnis satisfacturi se sisterent assignata. Vtriusque principis Beneficiariis, quibuscum alterutri eorum lis intercederet actio, aut si ipsorum principum tribunaliis non

und Franken, die sie 1269 zwar größtentheils unter sich vertheilten, hingegen doch auch vieles in Gemeinschaft behielten. a) Bald darauf gab es verschiedene Grenzstreitigkeiten, die nach der Gewohnheit dieser Zeit gleich in Befehdungen ausarteten. Heinrich beschwerte sich über seinen Bruder, daß er dem 1261ger Vertrag zuwider einseitig die Lehen der Herren von Brandenberg einge-

pateret, appellatio ad praetorium prouinciale concessa. Beneficiariorum de priuato inter se iure contendentium bono statutum, vt si reus iudicium subterfugisset, eius bona actori addicerentur, vel alia ratione satisdaretur. Vter principum reum iudicio subtraxisset actori pro eo integre satisfaceret. De clientibus possessionibusque dubiis nominatim quaesitum, vnius censeri aequius esset. Diserte cautum de quibusdam in integrum restituendis, quae praecipiti principum sententia bonis suis exturbati fuerant.

a) Siehe oben Stück III. S. 68. 69. Protulerunt etiam arbitrando, quod castrum et ciuitatem Nurhberch et oppidum Lauging possidemus et tenebimus pari iure. Ciuitatem etiam Nördling simul habebimus et persoluemus aequaliter, quicquid ad acquisitionem eiusdem ciuitatis est, impensum vel adhuc fuerit impendendum.

*Brunner* macht hierbey col. 210. verschiedne Bemerkungen.

eingezogen hätte. 1274 wurden in der Sache allerley Unterhandlungen gepflogen, b) die aber kein gutes Ende nehmen konnten, weil sich die Unruhen, durch die von Pfalzgraf Ludwig geschehene Ernennung Rudolfs von Habspurg zum Römischen König, allzusehr vermehrt hatten. c)

Es

b) Urkunde dd. X. Kal. Ian. 1274. wegen einem gemeinschaftlichen Einlager Schubl. XCII. num. 6495. und hier im Urkundenbuch unter n. 2. Herzog Heinrichs Sünbrief III. Id. Maii 1274. in ebenderf. Schubl. n. 6514. und 6488. in meinem Urkundenb. aber n. 3.

Brunner. col. 211. Id a. 74. Kal. Ianuar. factum, arbitris interim Friderico Truhendingio, Gotfrido Pruneckio et Volmaro Khemnatenio nouam controuerfiarum sementem prementibus. His vtrinque quaterni confilii causa additi. Res, do quibus disceptatum est, nihil ab iis differebant, quas fuperioribus conuentibus decifas significauimus. Illud singulare. Ludouico vitio datum, quod pecuniam nouo exemplo, Ambergae fignaffet; Efchelbachiam arcem haeredibus nullo iure ereptam munire aggreffus effet, et in Brandenbergii Dynaftae bona exclufo fratre inuafiffet. Caetera ad permutandos captiuos, abftergendam offenfionem, conciliandos inter fe principibusque communes amicos et his etiam minutiora pertinent.

c) Excerpta ex vet. Chron. Weihenftephan. ad a. 1275. ap. Hier. Pez. Script. rer. Auftr. Tom. II. col. 404. Hoc

Es kam allgemach der unächte Staatsgrundsaß auf, daß nur VII Kurfürsten einen Römischen König erwählen könnten. b) Folglich war ein jeder

anno terra Bauariae multis malis fubiacuit per incendium et rapinam Ducibus Ludouico et Henrico difcordantibus. *Chronica Auſtralis ad a.* 1276. Item Ludovicus Comes PalatinusRheni etHenricusDux Bauariae carnales fratres, qui ob inuidiam eleétionis Rudolfi R. R. duobus annis et menſibus ſex inimici erant ad inuicem et mutuo terras praeda et incendio diſſiparant, annuente Papa Innocentio V. ad pacis concordiam redierunt. *In Freberi Script. rer. Germ. Tom I. pag.* 466.
**Johannis Aventini Chronica S.** 468. Zwey jar vnd sechß Monat wäret diese Vneinigkeit, vnd wurd Beyern hart verderbt von den zweyen Brüder von obgenanter Wahl wegen. *Id. in Annal. Ed. Gundl. L. VII. c.* 9. §. 8. 9. *pag.* 677.
*Ottocar ab Hornek inter Pezii Script. Auſtr. Tom. III. col.* 127. *Chron. Salisburg. ad a* 1276. *c. l. Tom. I. col.* 375. Item Domini Ludwicus et Heinricus Comites Palatini Rheni et Duces Babariae fratres carnales ob occafiones varias inimici erant ad inuicem annis duobus et menfibus fex terras fuas mutuo praeda et incendio diffipantes, tandem ad concordiam redierunt.
b) *Bulla Vrbani IV. P. M. de* 1262. *ap. Od. Rayn. Ann. Eccl. T. XIV. p.* 89. — quasdam confuetudines circa eleétionem noui Regis Rom. in Imperatorem poftea promouendi apud principes vocem huiusmodi in eleétione habentes, qui funt feptem numero, pro

alter Wahlfürst bemüht, seinen Platz unter dieser Anzahl zu behaupten, und den andern auszuschliessen. e) Aus der Ursache erregte König Ottokar von Böhmen dem Herzog Heinrich über sein Kurrecht Zweifel. Die Sache kam so weit, daß darüber 1275 auf einem Reichstag zu Augspurg erkennt werden mußte. f) Ohn-

iure seruari. *Vrbani VI. P. M. Confirmatio Iur. Palatin. de* 1381. *in Vol. IV. Comment. Acad. Theod. Palat. p.* 208. — numerusque vt sic principum sacri imperii electorum, qui septenario concludi debet, multiplicari per infinita.

e) Vergl. Meine Abhandl. vom Herzogl. Baier. und Pfalzgr. Rhein. Kurrecht S. 45. und, (welcher ohne mein Wissen die nemliche Materie sehr schön beleuchtet hat) Häberlin im pragmat. Auszug aus der allgemeinen Welthistorie S. 227 bis 231.

f) *Henricus Praepos. Oeting. in Chron. Rau. ad a.* 1275. *in Oefelii T. I. Scrips. p.* 688. Augustam alius conuentus indicitur circa solstitium. De Electoribus solum Dux Ludouicus adfuit. Missi Legati a Bohemo Wernhardus Seccoviensis Episcopus, à Boio Henricus Praepositus Oetingensis honesto comitatu propositis vtrinque de Electione quaestionibus vtrique legati licet non discordes tamen non vna exierunt Aulam. *Dipl. de* 1275. *in Toelneri Cod. dipl. Palat. n.* 107. *p.* 75. Erst 1285 ward der K. von Böhmen förmlich für einen Kurfürsten erkannt. *Meichelbeck. in Hist. Frising. T. II. P. I. C. V. p.* 95. Caeterum cum eum in modum multorum animos

Ohngeachtet nun die Urthel zum Vortheile Heinrichs ausfiel, so scheinen doch beide Brüder damit nicht zufrieden gewesen zu seyn, wie es uns ein dunkler Artickel des 1276ger Vertrags zu erkennen giebt. g) Es war in der That auch nur ein Entscheid über den Kurstreit mit Böhmen gegeben, und die Brüder selbst noch nicht miteinander ausgesöhnt, denn Hein-

suspendisset ipse (Rudolphus Habspurg.) S. R. I. Electorum numerum auxit et tribus faecularibus tribusque facris principibus Bohemiae Regem generum fuum adiunxit eo confilio, vt fi forte vota eligentium forent numero paria, feptimus Elector dubium difcerneret et eum Imperatorem diceret, cui ipfe accefliffet. Die Urkunden stehen bei Goldast nach der Schminkischen Ausgabe.

g) Urkundenb. *n.* 7. Item von wegen der brieflichen Urkund uns H. Heinrichen gegeben zu Augspurg von Herrn Rudolf Röm. Kaiser und den Fürsten, so dazemal entgegen gewest sint, von wegen der Chur, derhalben zwischen unser H. Heinrichen und Herrn König von Böheim sich strit gehalten hat, bekönen wir Herzog Heinrich, daß wir uns nit verzeihen wöllen der Wider-begehrung und Restitution derselben brieflichen Urkund, und daß wir H. Ludwig in sollich brieflich Urkund unsern Willen nit gegeben haben, noch mit unserm Willen beschehen, daß sollich Privilegium seinen Fürgang haben sollt, und so wir hierüber von unserm Bruder ersuecht werden, sullen wir ihme des Rechtens und Güte mitseyn.

Heinrich wollte Rudolfen durchaus für keinen Römischen König erkennen, und war daher gegen seinen Bruder, der desselben Erwählung bewirkt hatte, äußerst aufgebracht. b) Er, der sich selbst Hof-

b) *Chron. Auſtr. plen. ad a.* 1273. *in Freberi Coll. Script. rer. Germ. T. I. p.* 465. Eod. a. Menſe Oct. Comes Rudolphus auxilio Ludouici Comitis Palatini Rheni licet malis gratibus Regis Boemiae et Henrici Ducis Bauariae et aliquorum aliorum principum. *Continuatio Martini Poloni* (von einem gleichlebenden Oeſterreichiſchen Scribenten) *in Eccardi Corp. Hiſt. medii aeui Tom. I. col.* 1426. Hic electus apud Aquisgranum ſe transferens a 1273. fuit — ſolemniter coronatus, quamuis Ottocarus Bohemiae rex, Henricus Dux Bauariae — — de hac promotione multum doluerunt. Henr. Praepoſ. Oeting. (der vieljährige Geſandte unſers Heinrichs) ad a. 1278. in Tom. I. Script. Boic. p. 637. Mortuo Richardo Rom. Rege principes Imperii circa Oct. S. Michaelis ad eligendum alium Regem in Franckfurt conuenerunt et dum omnes, qui vocandi erant, intereſſent, praeter Heinricum Ducem Bauariae, qui et ſolennes miſerat nuncios et per ratihabitionem ſuum electioni eidem praebuit conſenſum. Ebendaſ. ſagt ſein Kapellan Heinrich Stero ad a. 1278. in T. I. Script. rer Germ *Freb.* p. 539. und *Io. Staind.* ad h. a. in Tom. I. Script Boicor. *Oefelii* p 510. Das letztere aber, nemlich die Einwilligung Herzog Heinrichs in die Wahl Rudolfs, geſchah erſt 5 Jahr nachher, wie es die

Hofnung zur Krone gemacht hatte, i) trat natürlicher Weise gleich nach geschehener Wahl auf die Seite des eben so mißvergnügten König Ottokars von Böhmen; f) wurde aber darüber auf dem Reichstag zu

*Hiſtory vom Land Bavaria Mſpt. Bl. 55.* „Item „Herzog Heinrich, wiewohl der am erſten ſein Gunſt „und Willen nit gab zu der Wahl Rudolphs von Habſpurg, „doch that ers hernach und zoch mit im ab gen Oeſterreich „a. 1276." und *Joh. Aventini teutſche Chronica S. 468.* bezeugen. Siehe oben n. c).

i) Urkundenb. n. 4. — et te vmbra tranſiens non alliciat, non illaqueat et momentaneum non delectet. Vt autem euidenter poſſis intelligere, qualiter quidam in tui diminutionem ſtatus circumuenire te hactenus ſunt conati, baculum Regis Caſtellae ad te ſuſtendandum tibi harundineum praetendentes. h. i. Die mit Rudolfs Wahl unzufriedene Parthei hatte Heinrich verſprochen, ihm von König Alfons von Kaſtilien die Abtretung der Reichskrone zu verſchaffen.

f) *Henr. Steronis Ann. ad a.* 1273. *ap. Freber. Tom. I. p.* 561. Eod. a. Rex Boemiae Otakerus et Heinricus Dux Bauariae ad plenam concordiam redierunt. — Ipſi etiam contra omnem hominem huius mundi iurauerunt mutuo ſe iuuare.

Henr. Praepoſ. Oeting. ad a. 1273. in Oefelii T. I. p. 687. Eod. a. Rex Boemiae Otakerus et Henricus Dux Bauariae ad plenam concordiam redierunt. Rege Boemiae de caſtro in Sehaerding et quibusdam iuribus, quae pertinebant ad Ducem, refutationem faciente,

Augspurg seiner Lehen entsetzt. I) Rudolf fürchtete doch

Ipsi etiam contra omnem hominem huius mundi iurauerunt mutuo se iuuare.

*Volcmar de gestis principum* Tom. II. Script. Boicor. p. 530. Vergl. vorgehende Note b).

I) *Continuatio Martini Poloui in Eccardi Corp. Hist. medii aeui Tom. I. col.* 1426. Rudolphus iste in vrbem Rothenrumberg (Nürnberg) fecit generalem curiam proclamari, ad quam regni proceres, praelati et nobiles conuenerunt, *ibique de pace terrarum et de aliis vtilibus et necessariis causis multa constituta et ordinata fuerunt et inuestiturae de feudis factae.* — Johannis Aventini Chronica S. 468. K. Rudolph hielt sein ersten Reichstag zu Nürnberg, aber obgenante Fürsten K. Obacker auß Böhmen und Oesterreich, sein Vetter Herzog Heinrich auß Niedern Bayern wolten von solcher Wahl nichts halten, und K. Rudolph vor kein König halten; kamen auf diesen Reichstag nicht, schickten auch Niemand. Pfalzgraf Ludwig am Rhein Herzog in Bayern erschien, desgleichen — — Die empfiengen die Lehen von K. Rudolph. *Id. Ann. Boior. L. VII. c.* 9. *n.* 7. *p.* 676. Den hier verfaßten Reichsschluß hat Wedekind in T. IV. *Comment. Acad. Theod. Palat. pag.* 252. zuerst bekannt gemacht. Sedente itaque, heist es darinn, pro tribunali dicta Palatino Comite, rex peciit primo sententionaliter deffiniri, quod ipse rex de iure possit et debeat facere de bonis, que Fridericus quondam Imperator, antequam lara esset principum deposicionis sentencia, possedit et tenuit pacifice et quiete et de bonis alias imperio vacantibus, que bona alii per violenciam detinent

doch Ottokars und Heinrichs vereinte Macht, und gab

occupata; et fentencionatum fuit, quod ipfe rex de omnibus talibus bonis fe debeat intromittere, et ipfa bona in fuam retrahere poteftatem, et fi aliquis in recuperandis talibus bonis ipfi regi fe opponere prefumeret, iniuriofam violenciam regali potencia debeat repellere et iura imperii conferuare. Secundo peciit rex fentencionari, quid iuris fit de rege Boemie, qui per annum et diem et amplius a die coronacionis regis Romani celebrate Aquisgranis contumaciter fuperfedit, quod feoda fua a rege Romanorum nec peciit nec recepit, et fentencionatum fuit ab omnibus principibus et baronibus, quod quicunque fine caufa legitima per negligenciam vel contumaciam per annum et diem fteterit, quod de feodis fuis fe non pecierit infeodari, ipfo lapfu temporis cecidit a iure omnium feodorum fuorum. Hieher gehört die Stelle bei *Henr. Steron, in Ann. ad a.* 1277, *in Tom. IV. Canifii lect. Antiqu.* Cum praedicto Rudolpho Rom. Rege omnes Comites et Barones et Communitates Ciuitatum et Ciuium de Rheno, Franconia Sueuia et Bauaria fe fponte fubdiderunt, ei Fidelitatis iurando homagia, caftraque et ciuitates et terras, quas tempore vacantis Imperii (hier widerfpricht fich) der V. indem er ad a. 1273 den Richard bis an feinen Tod für einen rechten Kaifer gehalten hat) fcil. a temporibus Friderici olim Imperatoris occupatas tenuerant, fibi voluntarie refignarunt. *Adlzreitter Ann. P. I. L. XXV. col.* 652. Ifthic ante omnia iuffit difceptari iura clientelarum, quae Imperii Feuda vulgo audiunt, tum agi de bello. Quae in

gab sich alle Mühe, die Sache zwischen den Brüdern auf

communi de fiduciaria Caesareorum beneficiorum conditione visa frequente Senatu retulit Bernardus Agritianus ICtus. — Audita relatione SCto decretum est, si quis beneficiarius Imperii agens intra prouinciae suae limites cessante impedimento intra annum Feudi dominum non adiret, eumque de more non recognosceret, tali velut indigno feudum esse auferendum.

Ebenerwähnter *Contin. Mart. Poloni* fährt fort: Tunc Ottocarus Rex et Henricus Dux Bauariae supradicti non comparentes iterum citati fuerunt ad secundam Curiam in Herbipolim. — quia vero praedicti duo principes ad hanc curiam non venerunt, citati sunt ad curiam statuto certo die, tertio, celebrandam. Ad hanc tertiam curiam Ottocarus misit Sectou. Episcopum, Henricus vero Dux Bauariae Praepositum Oetingensem, viros in vtroque iure peritos. — Quibus recedentibus Ottokarus et *Henricus ab omnibus suis officiis seu feodis et iuribus, quae ab imperio dependebant, communi sententia omnium sunt priuati.*

Johannis Aventini Chronicka S. 468. Von deß alles berufft K. Rudolph ein Reichstag gen Würzburg wider mehrgenannte Fürsten, da sie nicht erschienen, noch durch sich selbst noch ire Botschafft, schrieb K. Rudolph wieder ein Reichstag auß gen Augspurg, wolt alda die Acht außlassen gehen, und obgenante zwen Fürsten vnd Herren entsezen. — K Rudolph thet offtgenannte Fürsten in die Acht vnd Oberacht. *Id. Ann. L. VII. c. 9. n. 9. pag.* 627. Dies igitur a Caesare Heinrico et eius coniurato Ottocaro Wirzburgium

auf einen friedlichen Fuß zu bringen, weil er auf diese Art Ottokarn desto gewißer zu demüthigen hoffte. Zu dem Ende schickte er wiederholte Ermahnungen an Heinrichen, m) worinn er ihm den schmeichelhaften Titel eines Kurfürsten zu geben niemals unterließ. n) Durch die Bemühungen Bischof Leons von Regenspurg kam endlich ein Vergleich zu Stand, worinnen zugleich verschiedene gemein-

dicitur. Quibus venire detrectantibus Auguſtam Rhetiae tertio ſub poena laeſae Maieſtatis niſi obtemperaſſent euocantur. Ottocarus Bernhardum Seccouenſem Epiſcopum — Heinricus Henricum Vtinenſem Praepoſitum Iureperitum atque Hiſtoriographum eo proficiſci iubent. — Ludouicus Praefectus Praetorio Regulus Boiorum primò, deinde caeteri rogati ſententiam Ottocarum atque Heinricum contra rempublicam facere decernunt, hoſtesque publicos declarant, eisdem bellum indicunt. Conf. *Toelner in Hiſt. Palat. c. XIX. p. 408.*

m) Im Urkundenb. n. 4 und 5.

n) Sic in agendis omnibus, ſagt Rudolf zu Heinrich, finem proſpicias, quod Sacrum Imperium te ſuum principem ſemper habere delectet membrum nobile, *et tu ipſius Imperii columna nobilis realiter non verbaliter* Celſitudinis Imperatoriae videaris ſolium ſolide ſuſtentare. Man vergleiche meine Abhandl. vom Herzogl. Baier. und Pfalzgräfl. Rheinischen Kurrecht S. 9, 10.

gemeinschaftliche Verordnungen über die ganze Justizpflege, und über die Pfändung gegeben wurden. o) Rudolf hatte deswegen sehr große Freude, schöpfte aber doch keinen Nutzen daraus, indem sich Heinrich gegen ihn zu keinen bessern Gesinnungen anlassen wollte. Es kam vielmehr zu den Waffen, wobei dieser den Kürzern zog, und durch seinen Bruder, mittelst einer Vermählung, zwischen seinem Sohn und Rudolfs Tochter, ausgesöhnt wurde. p) Heinrich erhielt nunmehr die Kaiserliche Belehnung; q) mithin war die 1275 gegen ihn erkannte Felonie wieder vernichtet. Der gleichzeitige Verfasser der Oesterreichischen Geschichte bei Freher, der uns dieses Lehensempfängniß berichtet, hat also den Irrthum nicht begangen, welchen ihn der Geheimerath Bachmann zu

Zwey-

o) Urkundenb. n. 7.

p) Siehe oben Stück III. S. 69. Häberlins Pragmat. Auszug Th. II. S. 539.

q) *Hist. Austr. plen. ad a.* 1276. *in Freh. Script. rer. Germ. Tom. I. p.* 466. *Itaque praefatus Rex Rudolphus — Ducemque Henricum Bauariae — potenti manu deuicit, filiam quoque suam Ottoni filio praefati Ducis matrimonio legitime copulauit, et ab ipso Rege Rudolpho saepe dictus Dux terram suam recepit titulo feudali.*

Zweybrücken beschuldiget, r) sondern diejenige Belehnung, um welche alle Reichsstände gleich nach der Krönung eines teutschen Herrschers ansuchen mußten, s) und worüber in der ältern Zeit niemals besondere Urkunden außgestellt wurden, t) nahm Herzog Heinrich deswegen nicht früher, weil er anfangs den neuen Römischen König nicht für einen solchen erkennt hatte, und erst nachher mit Gewalt der Waffen dazu gezwungen worden war; da hingegen sein Bruder, Pfalzgraf Ludwig der Strenge, gleich den andern Reichsfürsten, theils bei der Krönung, und theils auf dem Reichstag zu Nürnberg von 1274 die gewöhnliche Lehenspflicht abgelegt hatte. u) Auch ich irrte mich demnach,

wenn

---

r) In der Zweybr Vorlegung der Fideicommissarischen Rechte auf Baiern §. 57. S. 66.

s) Häberlins Pragmat. Auszug aus der allgemeinen Welthistorie Band II. S. 363.

t) Io. Ge. Estor de inuestitura sine litteris C. III. pag. 43.

u) Nach dem Aventin und dem Fortsetzer des Polonus an den angezeigten Orten Noch andern geschah es aber gleich bei der Krönung zu Aachen. Henr. Praepos. Oeting. ad a. 1273. in Oefelii Script. Tom. I. pag. 687. Qui Rudolphus statim exegit a Principibus Clericis et

wenn ich oben im II St. S. 57 glaubte, daß Heinrich die Lehen vor dem Bruder empfangen hätte. Es ist dieses desto unwahrscheinlicher, als Pfalzgraf Ludwig nicht nur ganz allein die Wahl Rudolfs zu Stand gebracht, sondern sich auch mit ihm durch die Verschwägerung aufs genaueste verbunden hatte. b) Folglich mußte es ihm besonders angelegen seyn, desselben vollständige Inthronisation auf

Laicis fidei iuramentum. Quod cum recusarent propter sceptri absentiam ipse electus signum Crucis accipiens talia dixisse fertur: Ecce signum in quo nos et totus mundus est redemptus et hoc signo vtamur loco sceptri. Et deosculata cruce omnes Principes tam spirituales quam seculares ipsam crucem loco sceptri osculantes, recipientes Feuda, sibi fidelitatis iuramentum praestiterunt. Ebendas sagt auch ad a. 1273 *Io. Staindel.* cit. l. p. 510. Heinrich Stero bei Freber, und der Mönch Eberhard von Niederaltaich bei Basnage, desgleichen Fugger und Roo. Es ist auch zwischen diesen und den obigen Stellen kein Widerspruch. Gleich nach der Krönung empfiengen die Stände ihre altväterliche Lehen. Da aber auf dem Reichstag zu Würzburg beschlossen geworden, daß auch über die unter den vorigen Regierungen neuerworbene Lehne die Investitur abgesondert nachgesucht werden müßte, so geschah dieses 1276 auf dem Reichstag zu Nürnberg.

b) *Io. Mich. Hallwachs* Diss. hist. de rebus Rudolfi I Imp. Tub. 1736. §. 5. p. 37.

auf alle Weiſe zu befördern; das nun allerdings, nach der alten Staatsverfaſſung, wo das nach der Wahl geſchehene Lehensempfängniß der Stände der ſicherſte Beweis von dem vollkommenen Beſitz des Throns war, durch das eigene Beiſpiel der Lehenaufnahme am füglichſten geſchah. Im Gegentheil weigerte ſich Herzog Heinrich von Baiern, der mit König Ottokarn von Böhmen in einem Bündniß ſtand, w) ſo lange die Lehen aufzunehmen, bis er 1276 mit Gewalt zur Anerkennung gezwungen wurde, und daher jetzo ſeine Lehen, deren man ihn bereits wegen ſeiner Widerſetzlichkeit für verluſtig erklärt hatte, ganz gern nachſuchte. Von dem Diplom von 1281 das ich am a. O. mit allen Gelehrten für einen Pfälziſchen Hauptlehenbrief hielt, wird ſichs gleich aufklären, welche Beſchaf-

fenheit

w) *Adlzreitter Ann. P. III. L. XXV. col.* 651. Non autem ipſe (Ottocarus) neglexiſſet imperium, ſed etiam Henricum Bojariae Ducem in eandem peruicaciam traxiſſet, non ſine noxa Laeſae Maieſtatis. Nam Heinricus auro Bohemico inductus in fraudem, foedus cum Ottocaro iniuerat a. ſup., quo diſerte cauebatur eosdem amicos inimicosque fore vtrique communes. Id foedus Henrico prope fuit exitiale. *Andreae Brunneri Ann. P. III. L. V. col.* 202. Ed. *Leibnit.*

senheit es mit ihm gehabt hat; und daß es keineswegs die erste Belehnung des Pfalzgrafen unter K. Rudolfen enthält.

Ludwig der Strenge erzeugte Söhne mit zweyerlei Gemahlinnen. Mit Anna, Herzog Konrads von Glogau Tochter, Ludwig den Jüngern, und mit Mechthild, König Rudolfs von Habspurg Tochter, Rudolfen und Ludwigen. In der Rheinpfalz x) war um diese Zeit, so wie an vielen andern Orten Teutschlands, y) und bei den Longobardischen Lehen, z) der Gebrauch: daß die Nachkinder mit den Vorkindern in den Erbgütern und

---

x) Pfalzgraf Ludwig des Jüngern Verzichtbrief von 1288 im Urkundenb. zur Geschichte des Pavischen Vertrags n. 2. Specialiter renunciamus illi consuetudini siue iuri, si quod vel si qua foret circa Renum, quod vel quae liberos secundi matrimonii in bonis, quae pater vel mater possidebant vel vterque, proprietatis vel feudi titulo succedere prohiberet.

y) Siehe meinen Versuch über die Geschichte der teutschen Erbfolge. B. I. Hauptst. VIII. Abschn. II. S. 137, 138, 150 und 238. Band II. Th. I. n. 28 und 29. Eine noch größere Anzahl Beispiele werde ich nächstens in meinem Versuche über die Geschichte der teutschen Lehenfolge anführen.

z) II. Feud. 26. §. 9.

und Lehen, die in der ersten Ehe vorhanden waren, nicht zugleich erben konnten, wenn sie auch schon einerlei Vater gehabt hatten. Eben so mußten nach dem alten Rechte die liegende Heimsteuern der Weiber gerade auf die Kinder vererbt werden, die aus eben derselben Ehe erzeugt waren, wozu sie gereicht worden sind. a) Folglich hätte Pfalzgraf Ludwig der Jüngere alle die Länder, die in der 1255ger Theilung und nachher durch die Konradische Schenkung seinem Vater angefallen sind, allein geerbt, und seine zween Stiefbrüder die vom Vater nachher erworbene, samt den von ihrer Mutter zugebrachten Gütern. Der Vater wollte aber diesen jüngern Söhnen ein reichhaltigeres Erbrecht verschaffen, und vermochte seinen erstgebohrnen Sohn, daß er zum Vortheile der Stiefbrüder dem Vorzugsrecht entsagte, und sie beim künftigen Erbfall zur gleichen Abtheilung anstehen zu lassen versprach. b) Da es eine Abweichung von der gemei-

a) *Mein Versuch* Band II. n. 28.
b) *Adlzreitter Ann.* P. I. L. 25. col. 658. Biennio antequam e viuis abiret in omnem euentum Moguntiae testamentum condidit, quo siquidem patri foret superstes, paternos liberos ortos e tertiis nuptiis sibi in herciscunda

gemeinen Lehensgewohnheit war, so mußte die
Einwilligung des Lehensherrn hinzukommen. Ueber
die

haereditate volebat coaequari et pariter admitti ad
omnia iura fucceffionis. *Brunner. Ann. P. III. L. V.
§. 2. col. 214.* Extant eius tabulae biennio ante mortem
confectae Moguntiae, quibus paternam fobolem tertio
coniugio fufceptam fine exceptione fibi coaequet, et in
omnia haereditatis fubfidia admittit.

Verzicht Herzog Ludwigs des Jüngern von 1288.
im Urkundenb. zur Geschichte des Pavischen Vertrags
n. 2. Nos Lodwicus primogenitus Domini Lodwici
C. P. R. D. B. notum facimus — quod cupientes cum
liberis — patris noftri — quos ex — Mechtilde —
Rudolfi Rom. R. filia iam fufcepit vel fufciperet in
futurum equalitatem in omnibus obferuare — pro-
mifimus et —. promittimus — quod omnia bona
paterna et materna vbicunque fita fint five in Bawaria
fiue in Schweuia fiue apud Renum fiue alibi, vbicunque,
quocunque titulo ipfe pater et mater noftra defuncta
ea tenuerint vel poffederint, fiue quae idem pater
nofter et ipfa mater noftra — conquifiuerunt vel
conquifiuerint, in futurum eas condiuidemus aequaliter
fecundum numerum perfonarum, et ipfi nobis idem
facient e conuerfo, quocunque iure vel confuetudine
in contrarium non obftante; Renunciantes hinc inde—
omni iuri et confuetudini, per quod vel quam equali
diuifioni inter nos faciendae vtrinque poffet in aliquo
derogari — et generaliter omni iuris auxilio canonici
vel ciuilis vel confuetudinarii, per quod equalis inter

die Reichslehen ertheilte König Rudolf seine Einwilligung, und setzte zu dem Ende sämtliche Geschwister in die Samtlehenschaft. c) Eben daſſelbe geſchah auch von Erzbiſchof Heinrich von Mainz b) und

nos facienda diuiſio ſiue in bonis, que iure proprietatis, ſiue in bonis, que iure feudi ipſe pater et mater noſtra vel eorum alter poſſedebant, ſiue que idem pater vel ipſa mater noſtra prelibati Domini noſtri Rom. Regis filia vel ambo conquiſiuerunt vel conquiſierint in futurum, poſſet in aliquo impediri.

c). Siehe das Diplom oben St. II. S. 57. Der V. des Sendſchreibens von den Wirkungen der Todtheilung auf Niederbaiern macht S. 15, 16 eine Gloſſe über die Worte: quod ſibi et Ludewico ac Rudolfo et iterum Ludewico filiis ſuis — welche im Oefeleniſchen Abbruck heißen: quod ſibi et Ludovico ac Rudolpho Ludovici filiis ſuis, daß Ludwig, nachher Römiſcher Kaiſer, damals noch nicht gebohren geweſen, und folglich dieſe Leſeart jener vorzuziehen ſey. Allein Oefele hat ſeine Urkunde nur aus einer alten Archival-abſchrift, Scheidt oder Leibniz aber aus dem Original; und dann hatte Pfalzgraf Ludwig der Strenge noch einen Sohn Ludwig, der 1282 im Rhein ertrunken iſt. Siehe Adlzreitter Ann. P. I. L. XXV. col. 658.

b) *Dipl. Ludovici Seueri Moguntiae VII. Id. Ian. in Oefelii Spec. dipl. Baj. Tom. II. Script. p.* 109. Et vt ex ſuperabundantia magis gaudeat, quam ex defectu aliquo in praemiſſis habeat materiam conquerendi, ad

und Bischof Konrad von Worms e) über die Lehen ihrer Stifter. Mithin war das 1281 erhaltene Diplom, weder ein gewöhnlicher Lehenbrief, den Ludwig von Rudolfen als dem neuen Römischen König bekam, wie ich oben St. II. S. 57. dafür hielt;

manus Rev. — Heinrici — AEp. Mogunt. Sacri Imperii per Germaniam Archicancellarii antiquum oppidum in Wainehaim, et quidquid vir nobilis Otto de Bruchsella in praedicta villa Swetzingen ab eo in feudum tenuit, quae ab ipso Dom. Archiepiscopo in feudum tenuimus, resignauimus, et ipse Dom. AEp. nobis et eidem vxori nostra simul de consensu virorum honorabilium Capituli sui in feudum contulit ante dicta per eam si praemortui fuerimus, habenda et tenenda, pro tempore vitae suae, *et postmodum ad haeredes nostros primi matrimonii et secundi aequaliter diuidenda secundum numerum liberorum sine difficultate qualibet reditura.*

e) Urk. von 1288. *VI. Id. Ian* im Urkundenb. zur Geschichte des Pavischen Vertrags n. 50. Darauf hat obgenannter Bischoff von Wurmbs geb. Frauen Mechthilden Schloß und Stadt Haidelberg zu Lehen verliehen, also daß sy solch Lehen Jr lebenlang haben und besizen mug, und so sy todts abgee, das alsdann solch Lehen fallen soll auf ermeldts Pfalzgraf Ludwigs Erben der Ersten und Andern Ehe solichs gleich nach Anzahl der Personen ze thaillen, wo sie aber vor Jm sterben, so solt das auff vermelten Fürsten und seine Erben fallen.

hielt; noch eine eigentliche Samtbelehnung über die Länder, die Ludwig durch die 1255ger Theilung abgesondert erhalten hatte, wie etliche Oesterreichische Anhänger vorgaben; noch ein Privilegium theilen zu dürfen, wie viele glaubten; sondern bloß eine Versicherung, daß die aus verschiedenen Ehen erzeugten Söhne die sämtliche Väterliche und Mütterliche Güter bei dem Todesfall in gleichen Portionen zu erben hätten, und keiner für dem andern irgend einen Voraus genießen sollte. f) Kurz, es wurde darinn eine Gattung von Einkindschaft errichtet.

Der schon gedachte, etwas dunkle Artickel des 1276ger Vertrags, von der Kur, mit der gleichzeitigen Salzburgischen Chronick g) und dem

Aventin

---

f) Siehe Meine Geschichte des Bayerisch-Pfälzischen Hausvertrags von Pavia S. 6 bis 11. und das Supplement zur 8 Seite.

g) *Chron. Salisburg. ad a. 1275. ap. Pez. Script. rer. Austr. T. I. col. 374.* Et quia jam dudum nobiles viri Ludwicus et Henricus Duces Babariae haereditate paterna secreta ad inuicem de titulis videlicet Comitiae Palatii Rheni et Ducatus Babariae contendebant; grauis inter eos oritur discordia, quae pluribus principibus

Aventin h) verglichen, giebt uns den Aufschluß, daß die Brüderliche Zwistigkeiten vorzüglich über die Kur entstanden sind. Herzog Heinrich, der wegen seinem Kurrecht gegen König Ottokarn von Böhmen gesiegt hatte, wollte sich desselben auch gegen seinen eigenen Bruder, dem nach der ersten Anordnung die Pfälzische Kur zukam, versichern. Es sollten nach dem Schwabenspiegel, i) der um diese Zeit verfertiget worden, und als eine allgemeine Rechtsgewohnheit im Ansehen war, durchaus nicht mehr als Einer Antheil an einem Fürstenamt haben, oder vielmehr, es sollte die Ausübung der Reichs= fürstlichen Gerechtsame und Vorrechte nur von Einem

et nobilibus laborantibus ad concordiam non poterat reuocari.

h) Bayerische Chronica Bl. 468. Herzog Heinrich hub auch ein Krieg darumb an mit seinem Brudern, wollt auch haben daß sich sein Bruder Herzog Ludwig nicht Herzog in Beyern sondern nur Pfalzgraff am Rhein schrieb. Er were rechter Herzog in Beyern. Ann.! L. VII. c. IX. n. 8. p. 677. Praeterea ob titulum litem mouebat germano, quem Palatini Rhenani duntaxat vsurpare, se vero regulum Boiorum appellari volebat.

i) C CXLII. §. 2. Man mag dehein Fürstenambt mit recht zweyen Herren geleihen: geschieht es aber ie dweder mag davon ein Fürst gesein.

Einem geschehen. Herzog Heinrich von Baiern mag nun besorgt haben, man möchte aus dem Urtheilsbrief von 1275 den Schluß machen, als wenn man ihm und seinem ältern Bruder das Baierische Kurrecht miteinander zugesprochen hätte, welches sowol gegen den ersten Theilvergleich von 1255 als gegen das Herkommen gewesen wäre. Er mag auch schon damals, was Heutzutage wirklich geschehen ist, befürchtet haben, man möchte nemlich dem Diplom von 1275 die Deutung geben, daß sie beiderseits bei der Wahl Rudolfs von Habspurg die Baierische Kurstimme abgelegt hätten; welches doch nicht war, indem dieselbe von Heinrich allein geführt wurde, und Ludwig der Strenge nur in dessen Namen, so wie ihm eben derselbe Auftrag von den andern Kurfürsten geschehen ist, den Ausspruch gethan hatte. Um nun sich oder seiner Nachkommenschaft kein Präjudiz zuzuziehen, da zumal bisweilen alle Agnaten, die von einem Kurland den Titel führten, sich zu den Wahlen aufdrangen, so wollte Herzog Heinrich den ältern Bruder bewegen, daß er den Titel

Herzog von Baiern ganz ablegen sollte. t) Allein dieser war zu klug, daß er nicht gleich eingesehen hätte, wie er sich und seiner Nachkommenschaft dadurch an dem wiedererbschaftlichen Rechte an die gesammte Baierische Lehen und Stammgüter vernachtheilt hätte, und wollte durchaus nicht einwilligen. Durch die weitere Uneinigkeiten, die zufälliger Weise dazu kamen, und durch den Reichskrieg, der zwischen König Rudolf von Habspurg und König Ottokar von Böhmen entstand, und woran auf der einen Seite Pfalzgraf Ludwig als Rudolfs Eidam, und auf der andern Herzog Heinrich vermög der mit Ottokarn geschlossenen Bündnisse Antheil nehmen mußten, schlug die Sache in einen öffentlichen Krieg aus, der auf die oben erzehlte Weise beigelegt worden ist. In dem Vertrag von 1276 wurde zwar über die Kurstreitigkeit eine Auskunft beliebt. Allein es scheint doch damit noch nicht aller Zweifel und Anstand gehoben gewesen zu seyn. Denn gleich darauf erneuerte sich der Streithandel, und ward endlich 1278 zu Vilshofen

auf

t) Meine Abhandl. vom Herzogl. Baier. Kurrecht S. 20, 22.

auf diese Art gehoben, daß man ausmachte, alle Anklage und Ansprache, ihre Erbfürstenthümer betreffend, sollte mit Verbehalt eines jeden Gerechtigkeit überhaupt 22 Jahre ruhen, und binnen dieser Zeit von keinem Theil nichts Widriges unternommen werden. l) Diesen Vertrag, der eine neuerliche brüderliche Vereinigung und Verbindung war, beschwuren beide Herren für sich und ihre Erben eidlich, worauf ihn auch K. Rudolf feierlich bekräftigte und bestätigte. m) Man machte noch einen Nebenreceß, worinn man ein gemeinschaftliches Gericht für die beiderseitigen Unterthanen bestellte. n) Noch sind auch von dem 1276 vorhergegangenen Hauptvertrag, der in den Hausacten beständig unter den Anfangsworten: Conditor humani Generis etc. angeführt wird,

E 5           diese

---

l) Das Original liegt im innern Archiv zu München, Schubl. XCII. n. 6512. und eine beglaubte Abschrift davon in unserm Urkundenb. n. 8. Brunner Ann. P. III. col. 211.

m) In *Toelneri* Cod. dipl. Palat. n. 112. p. 78. Siehe hier oben Stück II. S. 55.

n) Im Archiv Schubl. XCII. n. 6499. hier unten Urkundenb. n. 9.

diese Artickel nachzuholen, daß in den gesammten Ländern alle Pfändungen und Fehden aufgehoben seyn, von beiden zusammen die Vitzthume bestellt, und überall einerlei Gerichtsordnung vorgeschrieben werden sollte. o) 1280 kam ein anderer Traktat unter K. Rudolfs Authorität zu Stande, worinn der Bilshofer Verein wiederholt bestätiget, und zur Ausgleichung der wechselseitigen Grenzirrungen gemeinschaftliche Austräge angenommen wurden. p) 1281

o) Die Uebersetzung davon im Urkundenb. n. 7. Aus nachstehender Beschreibung des Jesuiten Brunners läßt sichs urtheilen, ob es sich einmal verlohne, das Original bekannt zu machen.

Ann. col. 211. Nunquam tamen enixius maioreque studio de concordia, quam biennio post actum reperio, Leone Ratisbonensi Episcopo et Friderico Norinbergensi Burggrauio communibus arbitris delectis et quaternis e nobilitate vtriusque partis iura tuentibus. Eius compromissi tanta apud fratres ipsos auctoritas fuit, vt posterioribus etiam controuersiis ad has tabulas velut ad oraculum recursum sit.

p) Urkundenb. n. 10. In einer gewissen Archivs-Beschreibung werden von diesem Jahr noch folgende Acten angezeigt. IV. Id. Febr. Anlaß auf Bischof Heinrich von Regenspurg XV. Kal. Aug. Superarbitralspruch eben dieses Bischof Heinrichs, und Burggraf Friederichs von Nürnberg in der Baierischen Streitsache.

1281 und 1283 geschahen wieder allerlei Unterhandlungen. q) Was 1284 unter ihnen getheidigt worden ist, davon findet sich nur ein kurzes Fragment beim Hund. r) 1285 machten sie nicht nur für ihre

q) Von 1281 hat man noch eine Kaiserl. Bestätigung des Vilshofer Vertrags sub poena proscriptionis.
— Nürnberg XII. Kal. Aug. eine dergleichen.
— an St. Blasiitag ein Anstand von B. Heinrich. 1283 in die Beati Apostoli, ein verwillführter Spruch von Bischof Heinrich und Burggraf Friederich, über die Baierische Landsaßen, Gefangene, erlittenen Schaden und Raub ꝛc.
Die sämmtlich uneditirt sind.
r) Bayerisches Stammenbuch. Ingolstadt 1585. S. 360. In einem Spruchbrief zwischen Herzog Ludwig und Herzog Heinrich de a. 1284 finde ich unter andern Artickeln: de castro Trausniht taliter deffinimus, quod haeredes eiusdem, ad quos dignoscitur pertinere, vid. Hosdawarius et relicta fratris sui Wattharnarii et pueri ac haeredes eorundem illud simul tenere debeant, tali modo, quod cessatis emptionibus prius factis per ambos Duces neuter ipsorum a festo Beati Georgii venturo per duos annos illud debeat comparare etc. et neutra supradictarum partium alteram eiiciat sub amissione iuris sui, et neuter Dux ibi suos homines collocare debet, neutri etiam de eodem castro damna inferri. Augustin Kölner bemerkt vom J. 1284 2 Verträge, 1) II. Kal. Febr. der auch in der Schubl. XCII. unter

ihre gesammte Länder eine Criminalordnung, s) sondern trafen auch Abrede, wie sie ihre Gesammtrechte über Regenspurg wahren wollten. t) Sowol

1286

n. 6498 vorhanden ist, und 2) am Abend St. Lucid. Uebrigens hat von den, 1280, 1281, 1283 und 1284 geschlossenen Verträgen *Brunner c. l. col.* 211. dieses: Ita anno octogesimo, quique primus post hunc tertius quartusque sunt lapsi reditum ad arbitros est, quorum princeps semper Henricus Ratisbonensis Episcopus fuit. Illud nouum quod inter sponsores amborum Ducum maximi natu filii, anno, quem ante postremum proximo nominaui, relati sunt. Otto Henrici filius cum IV. optimatibus in arce Isereggia ad certam diem se futurum spopondit, neque pedem inde elaturum, donec iniuriam passis in iudicio esset satisfactum. Ludouico vicissim Ludouici filio cum suae partis Fideiussoribus Dachauium domicilium decretum.

s) *Brunner col.* 212. hier im Urkundenb. n. 12. aus der Schubl. XCII. n. 6503. Kölner sub dato 1285. in Pomaria apud Sigenbach Non. Iun. führt einen Anlaßbrief auf ihre Räthe an.

t) Aus gedachter Schubl. n. 6505. hier im Urkundenb. n. 11. Brunner beschreibt col. 208 und 209. Edit. *Leibnit.* diese Acte auf diese Art: Vernaculo tum primum sermone publicas Principum tabulas confici coeptas comperio. Priuati enim id multo ante factitarunt; sed quae principum, nullae extant iis, quae priore anno Sigenburgi III. Id. Iun. scriptae sunt. Eae leges continent domesticae quieti salutares, quam vtriusque

1286 u) als 1287 v) und 1288 w) wurden allerlei Ver-

Principis affeclae gloriofi milites iidemque perfacile irritabiles iurgando rixandoque foede interpellabant, non fine caede et fanguine magno Principum probro in quorum oculis peccabatur. Inconfulto furori frenum iniectum praefentis vindictae metu, quae turbatores e veftigio fequeretur. Legum haec fententia fuit. Ferrum in alterius caput quisquis ftrinxerit arcumue intenderit, ferociam praecifa manu tuito. Si caedem faxit, capital efto. Iudicio elapfus facer et inteftabilis patria fortunis omnibus et principum fauore careto. Qui fugitiuum domo lareque receperit, ex arbitrio noftro plectitor. Arma bellica pace nemo deferto; vim vi propulfare ius efto.

u) *Brunner* c. l. col. 212. Sextus annus feptimusque eadem, qua priores, fortuna fuere; vtroque pax laceffita, habueruntque arbitri, quas componerent controverfias.

*Compilat. Chron.* ad a. 1286. in Tom. II. *Oefelii* Script. Boic. p. 339. Difcordia orta eft inter Duces ex victoria Paulsdorferi contra Satelbogerium et Dapiferum de Eckenmul et incendia diuerfa inter eos tam apud Swaben quam alibi, quos concordauit Rex Romanorum.

v) *Adlzreitter* Ann. Boior. P. I. L. XXV. n. 9. col. 657. ad a. 1287. Hic et fequens annus Boiis fratribus nonnihil fuit inquietus ob recurrentes identidem de herciscundis familiae iuribus diuidias; quae tamen fteterunt intra arbitrorum difceptationes, quibus fuam quoque authoritatem Caefar interpofuit. Vt ne a pacta concordia — difcederetur impune, data vtrinque

Vergleichsunterhandlungen gepflogen, wovon die zwote vom Römischen König bestätigt, in der letztern aber die Vereinigung der beiderseitigen Waffen gegen die Böhmen beliebt, und daher erlaubt wurde, daß bei einem plötzlichen Ueberfalle jedweder einem oder dem andern der Herren anhängen dürfte, obgleich er desselben Unterthan nicht wäre. Nach dem Tod des Herzog Heinrichs hatte Pfalzgraf Ludwig der Strenge wiederum Zwistigkeiten mit dessen Söhnen, die ihm zwar ebenfalls über den Titel

pignora. Der Vertrag zu Regenspurg Freitag vor St. Mattheustag 1257 errichtet, ist aus einer alten Archivalabschrift von Oefele in Specim. dipl. Baj. p. 106 edirt. In meinem Urkundenb. n. 13. erscheint er hingegen von dem Original Schubl. XCII. n. 6497. abgeschrieben. K. Rudolfs Bestätigungs-Urkunde, Giengen am Erichtag vor St. Matthei, 1287. steht beim Oefele a. a. O. p. 104. und hat diesen Anfang: Wir Rudolf v. G. G. Romischer Konig und immer Merer des Reichs. Thun kunt allen ben, die disen Brief sehennt oder horent lesen, das wir die Mißhellungen die zwischen unsern lieben Fürsten Ludwigen vnd Heinrichen seinen Bruedern Pfallenzgraven ze Rein vnd Herzogen von Bayrn gewesen ist, verslicht vnd verricht haben mit ir bayder Willen vnd mit ir Wissen.

w) Urkunde unter den Beil. n. 14. bei Oefele S. 110. Schubl. 92. n. 6493. *Brunneri Ann. col.* 213.

Titel Herzog in Baiern Zweifel erregen wollten, allein sich bald besänftigen und zurechtweisen liessen. r) Indeß veranlaßte die Sache doch die Errichtung weiterer Acten, y) worinn 1290 unter anderm auch die Grenzen,

r) *Hanns Thurmayers Bayerische Chronick Bl. 471.* Seine Vettern aus Niedern Baiern Herzog Ott, Stephan und Ludwig Gebrüder wollten, daß Rudolf sich nicht Herzog in Baiern, sondern nur Pfalzgraff am Rhein schrieb — Pfalzgraff Ludwig gab die Antwort seinen Vettern aus Niedernbaiern des theils halben, die Land weren wol getheilt, aber doch die Wirde und Ehr nicht, darumb wolt er sich Pfalzgraff am Rhein und Herzog in Baiern zu schreiben keineswegs unterlassen. *Ann. L. VII. c. II. n. 3. p.* 686. Verum patrueles eius Otto, Stephanus et Ludouicus bellum ei, nisi contentus Palatini Rheni cognomine titulum Boiariae nomini suo adiungere posthac desistat, indicunt. — Ludouicus — nepotibus respondet, principatuum atque regionum diuisionem non tamen dignitatis factam esse: ideo se vti hactenus illi et ipse consueuit vtrumque honorem vsurpaturum. Vergl. meine Abhandl. vom Baierischen Kurrecht S. 20.

y) *Adlzreitter Ann. P. I. L. XXV. col.* 657. *ad a.* 1289. — Quae tamen cautio non prohibuit, quo minus anno proximo caedium rapinarumque quaestiones Ratisponae haberentur, vbi principes Augusto mense conuenerunt. Pax ne dissiliret effectum est moderatione et sapientia arbitrorum. Eodem conuentu constitutum vtriusque principis consensione, vt ius fasque foret

Grenzen, die seit der 1255ger Theilung etwa in Unordnung gerathen wären, neuerdings bestimmt, i) ein

subiectis amborum arma consociare contra Boemos, si quando vim Boicae inferrent genti; item neutri fratrum fore fraudi, si alteruter patriam defendentibus se Ducem offerret.

*Meichelbeck in Hist. Frisingensi Tom. II. P. I. C. V. §. 2. pag. 97. ad a.* 1290. Scribunt nonnulli ambos Bojariae Duces, qui hactenus nescio quibus de causis inter se dissidebant, bis et quidem aliquando Frisingae ad tentandam concordiam conuenisse, quo effectu secuto, incertum — Litis postea arbitrium ab vtraque parte commissum fuisse Ratisponensi Episcopo, qui pro Ludouico pronunciauerit. Haec illi. In Frisingensibus Chartariis ea de re nihil inuenio. Die Sache ist aber doch richtig, und die zween Verträge Freyfingen Tags nach St. Veit und Pfingstag nach St. Michael hat Oefele *in Specim. dipl. Bajoar. pag.* 111 und 114 bekannt gemacht. Letzterer erscheint hier Urkundenb. n. 15. nach dem Original, Schubl. CCCXCIV. n. 32483. copirt noch einmal.

i) Bei Oefele *Tom. II. p.* 111. Wo ein Herr den andern an den Gemercken oder Gerichten überfaren hab, seid des Tags, das sy getailten miteinander nach des Herzogen Ottn Tobt, was auch sich erspundt mit der Kundtschafft, das sollen sy geschrieben bringen auf den negsten Tag, und soll man das dann alles ausrichten nach den vorgenannten 12 Sachen, also das yedem Herren das sein beleib on Khrieg unnd on Gebresten.

ein gemeinschaftliches Of - und Defensivbündniß geschlossen, und für die Streitigkeiten zwischen den beiderseitigen Unterthanen ein beständiges Schiedsgericht niedergesetzt wurde. Es erfolgten auch in den Jahren 1291, 1292 u. 1293 weitere Vergleiche und der Bilshofer Hauptvertrag erhielt nochmals seine Bekräftigung. 33)

Doch ehe die Geschichte des Pfalzgrafen Ludwigs weiter verfolgt werden kann, so muß vorher aus der Vergleichung dieser vielen Verträge noch einmal bestimmt werden, von welcher Gattung die 1255ger Theilung gewesen. Ich will die alte Gewohnheit unserer Rechtslehrer nachahmen, und zuerst alles, was irgend zum Vortheil des Oesterreichischen Lieblingssystems von Todttheilungen gesagt werden kann, und nicht schon oben im II Stück vorgekommen ist, zusammenhäufen; hernach aber auch die ächten Prinzipien, woraus sowol in Teutschland überhaupt, als

---

33) Aus Schubl. XCII. n. 6522, 6485, 6492, 6483, 6509. im Urkundenbuch n. 16, 17, 18, 19, 20 und 21. da etliche davon sich nur aus Archivalabschriften in Oefelens Tom. II. Script. rer. Boicar. p. 116, 117, 121. finden.

als in Baiern insbesondere, das ganze Theilungswesen beurtheilt werden muß, aufdecken, die sicherste Entscheidungsgründe vorlegen, und am Ende von allem auf unsere erste Erbtheilung die Anwendung machen. Hierdurch werden wir endlich einmal in den Stand gesetzt seyn, mit Wegräumung aller Partheilichkeit, von der Sache richtig urtheilen zu können, und uns nicht mehr durch Scheingründe irre führen lassen müßen. Dann, indem ich auf der einen Seite das System, das ich in dem II. Stück dieser Erbfolgsgeschichte aufgestellt habe, mehr beleuchte und aufkläre, so wird sichs auf der andern Seite nichts destoweniger zeigen, wie ich damals, ohngeachtet von mir alles, was nur von der Sache bei den Geschichtschreibern aufgezeichnet war, oder sich sonst in glaubwürdigen Dokumenten vorfand, gesammelt und in Ordnung gebracht worden ist, doch von der ächten und ursprünglichen Baierischen Pfälzischen Hausverfassung nicht die deutlichste Begriffe gehabt, sondern dieselbe erst nachher, theils durch die Einsicht entscheidender Urkunden, und theils durch menschenfreundliche Beihülfe gründlicher und die Wahrheit liebender Männer, empfangen habe.

## I.
### Weitere Gründe für die behauptete 1255ger Todttheilung.

Pfalzgraf Ludwig der Strenge bekam in der Brüderlichen Abtheilung von 1255 für sich und seine Nachkommenschaft die Pfalz am Rhein, und wegen ihrer Unbeträchtlichkeit, zur vollständigen Ausgleichung, ein Stück vom Herzogthum Baiern dazu. Wir sehen also gleich aus diesem Beispiel, daß Baiern, seitdem es die Wittelsbacher in Besitz bekommen haben, theilbar gewesen ist. Unvorsichtiger Weise war in dem Theilbrief die förmliche Abtheilung des Titels und des Wapens unterlassen. Dieses Versehen war eine Ursache der immerwährenden Streitigkeiten, die unter den beiden Brüdern und ihren Nachkommen sich zutrugen. Pfalzgraf Ludwig behielt den ganzen väterlichen Titel, Pfalzgraf am Rhein und Herzog in Baiern bei, und sah die abgerissene Portion von Baiern als ein eigenes Fürstenthum an, worüber er eine eigene Kaiserliche Belehnung nahm, und welches in der Folge das Herzogthum Oberbaiern genennt wurde. Sein Bruder Heinrich bediente sich anfangs bloß des Titels

Titels Herzog in Baiern, a) aber bald darauf nahm er auch jenen von der Pfalz an. Zu welchem letzteren er sich durch den Besitz der Baierischen Pfalz, die ihm eigenthümlich zufiel, b) für berechtiget hielt. Denn in diesem unwissenden Zeitalter herrschte der Irrthum, als wenn alle Pfalzen Zweige der Rheinischen wären. c) Folglich schrieb er sich nicht deswegen Pfalzgraf am Rhein, weil er sich einen Miteigenthumsherr dieses Landes glaubte, sondern weil er Pfalzgraf in Baiern war, das er mit jenem für einerlei hielt. Noch mehr suchte er sich durch das Wappen von seinem Bruder zu unterscheiden.

Er

a) Man sehe alle Urkunden, die der Syndikus Plato seiner Schrift vom Regenspurgischen Münzwesen angehängt hat, und andere in den Monum. Boicis hin und wieder.

b) Oben St. II. S. 61 und 62.

c) *Viti Pri. Ebersberg. Chron. Bavar. in Oeffelii Tom. II. Script. Boic. p. 716.* Sed hic Otto ex secunda vxore Agnete scilicet titulum Palatini dignitatis obtinuit et recuperauit, quia Ducibus Bauariae propter homicidium Comitis de Wittelsbach ablatus fuit. — Sed Comites praedicti Palatini Rheni et Comites de Scheyrn dicebantur, quia vt superius dictum fuit, prouinciam plures Duces et Comites ad longum tempus diuisim rexerunt.

Er nahm für sich den Pfalzbaierischen Wappenschild auf, und fügte zuweilen seinem Helme besondere Zierden bei. Freilich sieht man bey ihm nicht selten auch den gekrönten Löwen, den man insgemein für das eigenthümliche Wahrzeichen der Rheinpfalz hält. Wenn man aber auf die gelehrten Untersuchungen Tölners zurückgeht, b) und damit die neueren Heraldischen Entdeckungen vergleicht, so wird man finden, daß von diesem Sinnbilde nicht erwiesen werden kann, daß es der Rheinpfalz beständig eigen gewesen ist, sondern es scheint vielmehr ein Wappen zu seyn, das verschiedene sich ganz fremde Geschlechter von Zeit zu Zeit geführt haben. So unbedeutend diese Dinge dem Geschichtsforscher scheinen mögen, so wichtig sind sie für den Rechtsgelehrten. Es erhärtet sich daraus der Satz, daß die Brüder Ludwig und Heinrich ihre Länder auf ewig von einander abgesondert, oder wie man sich im Germanischen Recht ausdrückt, mit einander eine

D 3        Todt-

b) In Historia Palatina, C. XVI. p. 363. seqq.
c) In Fascic. III. Medit. IV. §. 12. pag. 618. Man vergl. Monum. Paderborn. p. 261.
f) In den kleinen Ausführungen.

Todttheilung gepflogen haben, indem zween der berühmtesten Rechtslehrer Senkenberg und Reinhart schon die Beizeichen des Wappenschildes als Merkmale der Todttheilung annehmen.

Dieß ist alles, was sich noch zum Vortheile der Todttheilung sagen läßt. Jetzo wollen wir aber die Sache nach bewährten Prinzipien untersuchen, und zuerst die allgemeine Theorie von den Theilungen in Teutschland aus einander setzen, dann die besondere Baierische Hausverfassung betrachten, und zuletzt alle Rechtsgründe zusammenlesen, die beweisen, daß die 1255ger Theilung niemals eine Todttheilung gewesen ist.

## II.
### Allgemeine Theorie von Theilungen.

Nach der ursprünglichen teutschen Staatsverfassung besaßen die Geschlechter ihre sämmtliche liegende Gründe in einer unzertrennbaren Gemeinschaft, die man das Sammteigenthum nannte. a)

Mit

---

a) F. C. J. Fischers Versuch über die Geschichte der teutschen Erbfolge. Manheim 1778. Band I. Hptst. IV. S. 54.

Mit der Geburt erhielt jeder Schwerdtmage das gleiche Miterbrecht an den Stammgütern, und keine Handlung seiner Vorfahren konnte ihn desselben rechtmäßiger Weise entwehren. Eben daher verlor ein Verbrecher bei der Obrigkeitlichen Einziehung seiner Güter nur die bewegliche Habe, die unbewegliche Güter blieben seinen Erben. b) In den ältesten und heidnischen Zeiten wußte man daher von keiner Erbfolge, denn der Sohn war schon durch seine Geburt vollkommener Miterbherr von seines Vaters Besitzungen, und konnte also durch dessen Tod nichts weiters erhalten. Die Einführung der christlichen Religion veranlaßte endlich eine Abänderung dieser Verfassung. Man wollte die Einwohner in den Stand setzen, die Kirche mit Gütern zu begaben, welches, da schon das ganze Mobiliarvermögen an sie verschenkt war, auf keine andere Weise angieng, als daß man den Geschlechtern ihr bisher ganz untrennbar besessenes Sammteigenthum durch eine Theilung in so weit auf-

b) Ebendas. S. 67. Urkunde von 1231. bey Moriz in adp. Monum. zur Abhandlung vom Ursprung der Reichsstädte, n. 9. p. 160. Frid. I. Privil. Hagenov. de 1146. in *Schoepflin* Alsat. diplom. Tom. I. pag. 256. n. 310.

aufzuheben erlaubte, daß sie von ihrer abgesonderten Portion geistliche Oblationen machen durften. c) So groß aber der Abfall war, der dadurch im Erbwesen verursacht wurde, so gieng diese Neuerung doch nicht so weit, daß man unter den Geschlechtern alle miterbschaftliche Verbindung aufgehoben hätte. Die Abweichung ward bloß zum Vortheil der Kirche gestattet, und daher zur Vorbeugung aller weitern Zertrümmerungen des alten Familiensystems der Grundsatz von dem nähern und entferntern Sammteigenthum aufgestellt. b) Die abgetheilten Besitzer mußten gegen einander in einer entfernten Sammteigenthümlichen Verbindung bleiben, und hatten auf den Kinderlosen Abgang eines oder des andern ein wechselseitiges Erbrecht. Gleichwie die ursprüngliche Beschaffenheit des Sammteigenthums, da es noch untrennbar war, von dem Geblütsrecht herrührte, und nur derjenige Ganerbe (das ist, Mitbesitzer) mit dem andern seyn konnte, der mit ihm

c) Fischer a. a. O. Hauptst. VII. Abschnitt I. u. II.
b) Ebendas. Hptst. VIII. Abschn. I S. 123, 124.
*Senckenberg* de Successt. filiar. in regna et principat. C. V. §. 57.

ihm einerlei Stammvater hatte; eben so war es auch in der spätern Zeit, obschon die Untrennbarkeit des Sammteigenthums aufgehört hatte.

Nach einer geschehenen Abtheilung erhielt sich nur unter denjenigen eine entferntere Sammteigenthümliche Verbindung, die von eben demselben Stammvater entsprossen, d. i. die unter einander Agnaten waren. Daher ist es wol richtig, daß in Teutschland das Erbrecht aus dem Geblüte, und von der gemeinsamen Abstammung vom Erwerber herrührt; aber es ist zugleich auch unzweifelhaft, daß zu dessen sicherer Bewahrung die Fortsetzung einer gewissen Sammteigenthümlichen Verbindung erfordert wird. e) In der ältesten Zeit mußte man vermöge der Abstammung mit einander im Sammteigenthum bleiben. Jene war also nicht nur ein Recht zur wechselseitigen Erbfolge, sondern sie machte sie sogar zur Nothwendigkeit. Nachher aber, wo man sich von Zeit zu Zeit immer weiter

---

e) Betrachtungen über das Recht der Baierischen Erbfolge nach der Wiener Ausgabe S. 28.
Beleuchtung und Erörterung der Oesterreichischen Ansprüche auf Niederbaiern §. 1. S. 3.

von dieser alten Verfassung entfernte, führte man endlich eine Gattung von Abtheilung ein, wodurch man sich aller wechselseitigen Ansprache und Verbindung vollkommen und auf ewig loßsagte. Man nannte diese daher die Grund- oder Todttheilung. ee) Man kann sich, da sie vollends alle Ueberbleibsel der alten Verfassung aufhob, leicht vorstellen, daß sie nicht so häufig, und, wie alle Germanische Rechtshandlungen, wodurch man von dem alten Herkommen ganz abwich, mit vielen Ceremonien begleitet gewesen seyn muß. In einem förmlich über die Sache aufgesetzten Instrumente wurde erklärt, daß man sich auf ewig von einander absondern und trennen wolle; das Wappen und der Titel mußte daher geändert, und auf die abgesonderte Portion, ohne allen

---

ee) Doch ist zu bemerken, daß nicht jede Theilung, die in der Urkunde Grund- oder Todttheilung heist, eine solche ist, welche unter den Abgetheilten alle wechselseitige Erbfolge aufhebt. Denn sehr oft bleibt auch bey dergleichen die Gemeinschaft des Eigenthums unverändert, wie Reinhart beweist in der Ded.: Die Gemeinschaft der wahre Grund der Erbfolge, und der einige Grund der Lehenfolge n. 26. p. 50. und n. 4, 5, 6. pag. 12, u f.

allen Vorbehalt, feierlich Verzicht geleistet werden. f) Dieses waren die Gebräuche bei Alloden und Stammgütern. Das Lehenwesen, das in der Hauptsache immer die Erbfolge in Stammgütern nachahmt, ff) besonders seitdem die großen Reichslehen mit eigenthümlichen Gütern vermehrt geworden sind, erforderte noch größere Förmlichkeiten. Nicht genug, daß die Vasallen ihre Lehenstücke abgesondert besassen, und sie einzeln vom Lehenherrn zu Lehen empfiengen, wie verschiedene Schriftsteller in der Baierischen Sache dafür gehalten haben, (denn diéses geschah bei den alten Sammtlehen sehr häufig, ohne daß es einen Beweis vom abgesonderten Eigenthum abgegeben hätte, g)) sondern die Lehen mußten

---

f) Zweybrück. Vorlegung der Fideicommissar.Rechte des Gesammthauses Pfalz und Bayern 2c. §. 47. S. 52, 53. Beleuchtung und Erörterung der Oesterreichischen Ansprüche 2c. §. 3. S. 4. u. §. 6. S. 7.

ff) *Walch* Diss. de Successione Ascendentium feudali Ienae 1767.

g) Trierischer Lehenbrief in *Oefel.* Specim. Cod. dipl. Baj. pag. 168. Extract aus K. Leopolds Lehenresolution, Wien, 18 Oct. 1661. Mscpt. Extract aus dem VI. Theil der Oberösterreich. Landtafel tit. XXXII. Mscpt. Verschiedene Lehengutachten des Kurbayer. Lehenhofs

mußten in solcher Form dem Lehenherrn wieder aufgesendet, und von ihm ausdrücklich als ein Neulehen empfangen werden. Erst wenn alles dieses zusammen auf das genaueste beobachtet wurde, war eine solche Todttheilung vorhanden, welche die fernere wechselseitige Erbfolge unter den abgetheilten Agnaten aufhob. Außerdem, und wenn nur eine einige Feierlichkeit mangelte, so war es nichts weiter als eine Auszeichnung der Nutzungen, die folglich als die allgemeinere Gattung und als eine solche, w. durch man von der ursprünglichen Hausverfassung am

---

von 1676. Mscpt. Estor von theilbaren Lehen im I. Th. seiner kleinen Schriften St. II. n. 4. In den Urkunden wird es häufig als ein Grund des gebührenden Erbfolgrechts angeführt, daß man einen Antheil von dem Gute besitze. Nichts ist gewöhnlicher als der Ausdruck: *in Deile und Gemeinschaft sitzen.* Siehe die Gemeinschaft der wahre Grund der Erbfolge n. 184. p. 272. und n. 203. p. 293.

*Halteus* in Gloss. Germ. med. aeui Tom. II. col. 1782. Daher auch Theilgenossen, Consortes, Theilnunftig, particeps. Ebenders. am ang. O. Bey einer solchen Theilung war die Mitbelehnung nicht nothwendig, und man succedirte einander doch. Reinhart in der Geschichte des Hauses Geroldseck Abschn. III. C. II. §. 263. S. 149, 150 und 151.

am wenigsten abgewichen ist, nach den Regeln der Vernunft alle Vermuthung für sich hat. gg)

Alle Theilungen müßen im Zweifelsfall um so mehr für Sammttheilungen, wobey das Landeseigenthum unzertrennt bleibt, gehalten werden, als in vielen allgemeinen Reichsgesetzen und Verordnungen die Theilung irgend eines Fürstenthums, oder einer Grafschaft ganz verboten wird. Das erste Gesetz, das wir hierüber haben, ist von Kaiser Friederich I. 1158 gegeben worden, h) und folgenden Innhalts:

gg) III Sendschreiben an Pütter von der Unächtheit der Prinzipien, aus welchen man die Baierische Erbtheilungen beurtheilen will. (Von allen Pütterischen Sendschreiben bin ich der Verfasser.)

h) II *Feud.* 55. *Radevic.* L. II. de gest. Frid. Imp. c. 7. in *Vrstis*. Script. rer. Germ. P. I. p. 510.

Auf diese und eine ähnliche Verordnung von Kaiser Friderich II. beruften sich noch im Jahr 1636 die teutschen Reichsstände in des geheimen Archivar Sattlers Würtemberg. Geschichte Th. VII. Abschn. IX. §. 92. S. 157. »Den 17. Aug. wurden also die Unterhandlungen wieder »zu Regenspurg angefangen, da die Kaiserliche deputirte »Räthe neue Vorschläge an die Würtembergischen Gesandte »begehrten. Weil aber die letzte Kaiserl. Anforderungen »auf eine gänzliche Zertrennung des Herzogthums einig »abzweckten, so wiederholten diese anfänglich nur ihre »vorigen Behelfe mit der Bitte, solche Bedingungen

**Innhalts:** Praeterea ducatus, marchia, comitatus de cetero non diuidatur. Der Einwurf des Herrn Geheimenrath Bachmanns i) hebt sich durch die gleich vorhergehende Worte: Firmiter statuimus tam in Italia quam in Alemannia etc. k) weil man daraus ersieht, daß das Gesetz

„fallen zu lassen, und zu überlegen, wie großen Schaden
„der Herzog und seine Länder durch die Kaiserlichen Völker
„erlitten hätten. Gleichwol erboten sie sich über die bereits
„angebotene 400000 Fl. noch eine auf der Steyerischen
„Kammer stehende Forderung von 70000 Fl. fallen zu
„lassen, dagegen sie verhoften, daß der Herzog in dem
„vollkommenen Genuß des Friedens mit Restitution in
„Geist- und Weltlichen gesetzt würde. Diese Vorschläge
„wurden aber von dem Kaiser verworfen, dagegen die
„Gesandte darauf beharrten, daß alle die Kur- und
„Fürsten, welche der Herzog zu Rath gezogen hätte,
„durchaus nicht rathen könnten und wollten sich auf
„solche unerträgliche Conditiones und Zertrümmerung
„des Herzogthums einzulassen, weil solche wider das
„uralte Herkommen und Reichsgesetze, insonderheit die
„Verbote der beiden Kaiser Friederichen, die Fürsten-
„thümer zu zertheilen, anstoßten, zumal die Stamms-
„verwandten noch verwaißt wären, — und von Kaisern
„und Königen bewährte Landesgrundvestinen und
„Verträge vorhanden seyen."

i) Zweybrück. Vorlegung der Fideicommissar. Rechte an Baiern ꝛc. §. 72. S. 92.

k) L. V. *Feud.* Edit. *Cuiac.* col. 764.

Geſetz nicht für die Lombardei allein, ſondern für Italien und Teutſchland zugleich gegeben worden iſt, welches auch Ludolf, ff) Gundling, l) und Häberlin m) bezeugen. Wir werden insbeſondere von deſſen Beobachtung in Teutſchland durch zween Urtheilsbriefe überzeugt. Der eine iſt von Kaiſer Friederich II. von 1216 dieſes Innhalts: Et ne de caetero ſimilia contingant, decernimus et perpetua firmitudine obſeruandum iudicauimus, quod non liceat vlli ſucceſſorum noſtrorum Romanorum Regi ſeu Imperatori, principatum aliquem, vt ſuperius ſententiatum eſt, ab Imperio aliquo modo alienare, ſed omnes Imperii principatus in ſuo iure et honore illaeſos obſeruare. mm) Und den andern gab der Römiſche König Rudolf I. 1283. Praeſidentibus nobis iudicio apud Einheim feria VI. proxima poſt feſtum B. Andreae Ap.

---

ff) *In P. gen.* de Introduct. Iur. Primogen. §. 11.
l) *De Feudis Vexilli* §. 40. p. 114.
m) In der Staatsverfaſſung des teutſchen Reichs von 1125—1272 im II. Th. ſeines Pragmat. Auszugs aus der Welthiſtorie S. 357.
mm) In *Hundii* Metropoli Salisburg. Tom. II. p. 591.

nunc praeteritum praesente Ven. Argentinensi Episcopo Principe nostro dilecto et multis aliis Comitibus Nobilibus Ministerialibus et Vasallis ibidem existentibus etiam coram nobis per sententiam quaesitum extitit et obtentum legitime per eandem omnium adstantium applaudente consensu, quod nullus Comitatus sub Romano Imperio sine nostro consensu possit vel debeat diuidi vel vendi aut distrahi pars aliqua, per quam esset comitatus huiusmodi diminutus. Womit noch das Alemannische Landrecht C. XXXXII. §. 1. „Bischöffe Gut und Fahnlehen soll der König ganz „leihen und nicht zertheilen." und eben dasselbe Lehenrecht C. LVIII. §. 3. „Der Herr mag auch „deß mannes Gut nicht zweygen mit Gewehr." übereinstimmen. Diese Untheilbarkeit wurde 1354 in der Goldenen Bulle erneuert Cap. XXV. Si caeteros principatus congruit in sua integritate seruari. — — und das Andenken derselben erhielt sich in der Glosse über das Sächsische Landrecht: „Man sal keyne Grafeschaft, noch „Herzogthum, noch Margrafeschaft teilen, die „von Lehen ist, oder das des Richs Ampt ist."

Die

Die wiederholte Bestätigung im Baierischen Haus wird man hier unten S. 198. sehen.

Wenn man nun dessen ohngeachtet in allen Fürstlichen Häusern Teutschlands, selbst mit Einwilligung, oder wenigstens mit Vorwissen der Kaiser oder anderer Lehenherren, eine Reihe von geschehenen Erbtheilungen antrift, so kann man dieselbe für nichts anders als für Sammttheilungen, d. i. solche halten, die nur im uneigentlichen Verstand so genennt werden, und eigentlich bloße Auszeichnungen der Besitzungen, Muthschierungen, und Theidigungen sind, wobei das Grundeigenthum ganz nicht getrennt ist, sondern nur unter den Besitzern die Gerechtsame und Nutzbarkeiten eines jeden am Ganzen bestimmt und abgesondert sind.

Es ist zwar nicht zu läugnen, daß in der ältern Zeit die Lehenfolge nur vom Vater auf den Sohn, und keineswegs auf die Seitenverwandte gegangen ist. Allein seit dem XII. Jahrhundert, wo die Lehen der großen Herzogthümer erblich geworden sind,

---

n) *Phil. Iac. Lambacher* Demonstratio iuris seu tituli quo Rud. Habspurg. vsus est, cum ditiones Austriacas ab Ottocaro vendicaret. §. 29 seqq. p. 50.

sind, hat man eine Menge Beispiele, daß ihre Erbfolge sich auch auf die Seitenverwandte erstreckt hat. nn) Um eben diese Zeit zeigte sich auch die Theilbarkeit der großen Reichslehen; denn es hörten die alten Fürstenthümer auf, bloße Reichsamtschaften zu seyn, und wurden durch die dazu geschlagene viele Allodialstücke große geschlossene Länder, in welchen, vermöge des Allodialrechts die Besitzer ein vollständiges Erbrecht exerciren durften. o)

### III.
### Widerlegung der Beispiele
woburch bewiesen werden will, daß die Todttheilung die gewöhnlichere Gattung von Theilungen ist.

Ein paar Schriftsteller haben sich bei ihrer vergeblichen Bemühung, das Gegentheil zu beweisen, auf allerlei Facta bezogen. Wir wollen also, obschon sie von andern sehr bündig und gründlich widerlegt worden sind, doch noch einmal die

nn) Häberlin am a. O. Th. II. S. 359.
o) Ebendas. S. 421.

die Gelegenheit ergreifen, die historische Unrichtigkeit jener Exempel etwas umständlicher darzuthun. a)

## IV.
## Besondere Theorie von den Baierischen Theilungen.

Seitdem das Herzogthum Baiern anfieng, dem Reich unterwürfig zu seyn, und ehe es noch auf die Wittelsbacher kam, finden wir schon, daß es theilbar gewesen ist. Um das Jahr 716 theilte Herzog Theodo II. das Land zwischen sich und seinen drei Söhnen Theudebert, Theudebald und Grimoald. Allein nichts destoweniger fielen 723 nach seinem Tode die Theile dergestalt zusammen, daß nur zwei Portionen vorhanden waren, die zuletzt unter Hugberten, dem Sohne Theudeberts, ebenfalls zusammen-

---

a) Die Materie ist in dem IV Sendschreiben an Pütter ausgeführt, das zwar schon unter die Presse gegeben war, dessen Abdruck aber aus mir unbekannten Ursachen aufgehalten wurde. Es erscheint jetzo in dem Werke: Anekdoten und Beiträge zur Staatsgeschichte des Jahrs 1778. und enthält die wichtigsten Actenstücke, die zum Theil noch unbemerkt gewesen, zum Theil noch niemals ans Tageslicht gekommen sind.

zusammenwuchsen. a) Um mir die Auffuchung mehrerer Beispiele aus dem Agilolfingischen Geschlecht zu ersparen, so verweise ich den Leser auf den uralten Legem Bajuvariorum. b) wo von den Theilungen unter den Baierischen Prinzen als von einer ganz gewöhnlichen Sache gesprochen wird.

Ebendasselbe zeigt sich auch in der Epoche, worinn die Wittelsbacher das Herzogthum besaßen. Es ist nicht nöthig, daß man hier die Theilungsbeispiele wiederholt, da sie schon in der Herzogl.-Zweibrück. Deduction c) umständlich vorgetragen worden, und etwa nur noch mit demjenigen in der Niederbaierischen Linie von 1331 b) bereichert werden können.

Wenn

a) Mein Versuch über die Geschichte der teutschen Erbfolge. Manheim 1778. Band I. S. 115.
Aribo in vita S. Corbin. c. 10. prouinciam ipfam fibi et foboli illius in quatuor partes diuifit.
b) Tit. II. c. 10.
c) Vorlegung der Fideicommissarischen Rechte des Kur- und Fürstlichen Hauses Pfalz auf die von Maximilian Joseph hinterlassene Lande und Leute. Zwenbrück. 1778. Abschn. I. Satz III. §. 54—70.
b) Oben in dieser Erbfolgsgeschichte St. III. S. 89.

Wenn man nun bedenkt, daß Baiern, ungeachtet dieser Theilungen, doch ein unzertrennter Staatskörper geblieben, und keine Portion davon an Auswärtige gekommen ist, so muß man daraus den Schluß ziehen, daß bei demselben bloße Sammttheilungen, wodurch die Untrennbarkeit des Geschlechtseigenthums unversehrt bleibt, üblich gewesen sind.

Die Sache bestätiget sich immer weiter durch den ersten Lehenbrief von 1207, den das Wittelsb. Haus bis auf den heutigen Tag besitzt, und der also nach der Meinung aller Lehenrechtslehrer den folgenden zur Norm dient. e) Darinn wurde das Herzogthum nicht dem Herzog Ludwig I. allein, sondern zugleich seiner ganzen Nachkommenschaft gereicht. f) Alle Lehensfähige Abkömmlinge haben

E 3 demnach

---

e) *Siegel* tract. de literis invest. C. IV. per tot. p. 37. B. G. *Struvii* Elem. Iur. Feud. C. III §. 45. pag. 40. *Senckenberg* in prim. lin. Iur. Feud. C. X. §. 244. p. 266.

f) Dipl. Otton. IV. R. Imp. de 1208. in der Zweybr. Vorlegung. Urkundenb. n. 18. S. 41 — regia Munificentia donamus et praefentis paginae priuilegio confirmamus, tam ipfi (Ludouico) quam vniuerfis fibi fuccefforibus haeredibus Ducatum Bauariae cum vniuerfis

demnach hierdurch ein gewisses Eigenthumsrecht an dem Herzogthum erhalten, dessen sie, ohne sich allerseits einer solchen Vergehung schuldig zu machen, wodurch ein Reichsfürst den Besitz seiner Lehen verliert, niemals verlustig werden können. g) Mit Recht heist es daher in der Berliner Beantwortung der Oesterreichischen Deduction S. 103. „Dieser niemals aufgehobene Lehenbrief sollte allein „dem Hause Pfalz die Succession in ganz Bayern „auf alle ewige Zeiten versichern!" Das ist also der Grund, warum in den beiden Wittelsbachischen Hauptstämmen, Pfalz und Baiern, nach einer Reihe von Abtheilungen allemal bei Erlöschung einer Linie der wiedererbschaftliche Rückfall erfolgte.

Vermöge des durch diesen ältesten Lehenbrief erhaltenen Stammrechts succediren die sämmtliche Wittelsbachisch. Nachkommen einander nach dem Geblütsrecht. Es ist dieses ein einstimmiges Herkommen sowol im Baierischen als im Pfälzischen Aste,

terris et possessionibus. Das Original dieses Lehenbriefs liegt im innern Archiv zu München Schubl. XXI.

g) II Sendschreiben an Pütter von den bei allen Baierischen Theilungen bewahrten Erbrechten des gesammten Wittelsbach. Hauses. S. 13.

Aſte, und man hat hierüber die gemeſſenſte Hausverordnungen. Sogar wurde die Succeſſionsordnung nach der Nähe des Grads beobachtet. Aus dem Grunde ſchloß Kaiſer Ludwig IV, Herzog von Oberbaiern, die Pfalzgrafen ſeine Neffen 1341 in der Erbfolge Niederbaierns aus. h) Stephan Fibulat, Herzog von Baiern-Landshut, gieng Albert I. von Straubingen, bey dem Erbfalle ihres Neffen Meinharts von Oberbaiern, vor, weil er mit deſſen Vater ven beiden Banden verwandt war. 1429 ward in dem Preßburger Urtheilſpruch, nach vielen Debatten, endlich für die Nähe des Grads entſchieden, und dieſelbe zur beſtändigen Norm gemacht. i) Nach Abgang der Ingolſtädtiſchen Linie mußte daher, der um einen Grad entferntere Albrecht III. von München, dem Herzog Heinrich dem Reichen von Landshut, nachſtehen. k)

h) Meine Geſchichte der Straubing. Erbfolge. 1. Jahrgang. S. 13.
i) Sendſchreiben an Pütter von dem einſtimmigen Herkommen im Haus Baiern nach dem Geblütsrecht zu ſuccediren. S. 5, 6.
k) Hyſtory vom Land Bavaria Bl. 137. b. Mſcpt. Der Fürſt (Heinrich) überlebt ſeinen Vettern Herzog

In den Streitigkeiten, die 1500 über diese Landshutische Erbschaft unter den Pfalzgrafen und den Herzogen von Baiern entstanden, beriefen sich die Letztere ausdrücklich auf den ihnen wegen dem Geblütsrecht gebührenden Vorzug, und wurden in den Kaiserl. Erkenntnissen darinn geschützt l) Ich würde allzu weitläuftig werden, wenn ich auch die Pfälzische Beispiele anführen wollte. Sie sind schon mehr bekannt, und ich darf mich also bloß auf die Schriftsteller berufen, die davon handeln. m)

Dagegen kann ich diejenige Baierischen und Pfälzischen Hausdokumente nicht übergehen, wo die Erbfolge ausdrücklich nach dem Stammrecht vorgeschrieben ist. Außer dem Baierischen Theilbrief von

Ludwigen den Alten von Ingelstadt, und nam ein sein Land als der negste Erb nach der Sipp zu rechnen.

l) Siehe dieselben Seite 193 u. ff.

m) *Struvii* Formula Success. Palat. *Paraei* Hist. Bav. Palat. Rechtl. Ausführung der Herzog Christian III. in dem Herzogthum Zweibrücken competirenden possessorischen Gerechtsame. I und II Th. 1729. Wie insbesondere das Pfälzische Haus seine Gesammtrechte an Baiern beständig gewahrt habe, dieses zeigte ich im II Sendschreiben an Pütter. S. 27—30.

von 1392 n) wo es heißt: „Daz vnser aller Land „und Leut alzeit bey dem Namen und Fürstenthumb „zu Bayern beleiben sollen" gehört besonders hieher der Presburger Spruchbrief von 1429. o) „Und „haben daruff — Sy Raths gefragt — ob man „daſſelb Land tailen, und nachdem und die vor- „genanten Ludwig, Heinrich, Ernst und Wilhelm „von Kayser Ludwigen in dem fünfften Glid und „Sippe ſind, in wie viel Theil man dann daſſelb „Land tailen ſollt, der aller der meiſt Tail ein- „trächtiglich und einhelliglich daruff blieben seyn, „daß man daſſelb Land in vier Theile nach den „Heupten und nicht nach den Stammen tailen „ſolt. — Und daſſelb Niderland zu Bayern ſoll „in vier Tail nach den Häuptern unter die vier „Fürſten Herzog Ludwigen, Heinrichen, Ernſten „und Wilhelm, und nicht nach den Stammen, „dieweil ſy in einer Syppe und einer nicht neher „oder verer, dann der ander iſt, getailt werden."

E 5 Die

---

n) Urkundenb. zur Zweibrück. Vorlegung. n. 24. S. 67.

o) Ebendaſ. n. 25. S. 73.

Die Urkunde Herzog Alberts III. von 1450: p) „Ausgenomen und hindangesezt, ob füren zu „künftigen Zeiten sich zwischen uns und des benanten „unsers lieben Vettern Herzog Albrechten und unser „baiden nechsten leiplichen eelichen Mannserben icht „rechter Erbschaft begebe — so sol es hinfür in „derselben Erbschaft alzeit beleiben, und der ain „Tail gegen den audern unverzigen seyn nach Her- „komen und Gewonhait des Haws von Bayrn." Eben so heist es in dem Diplom Herzog Heinrichs zu Landshut von 1428: q) „unverzügen rechter „Erbschafft, die sich mit Todten verlaufen möchte." Schon ehe, 1403, thut Ludwig von Ingolstadt auf das Theil seiner Vetter zu München Verzicht, „ausgenommen recht Erbschafft, ob daz von Todes „wegen ze schulden käm." Desgleichen enthält der Theilbrief von 1353: r) „Wenn ain tail on erben „verschid, — was vns dann Irs tails vnd „Herrschafft zu rechter Erbschafft vnd erb angevallen „möchten,

p) In *Oefelii* Spec. diplom. Baioar. Tom. II. p. 356 und 357.

q) In der Defense en revers. S. 6.

r) Urkundenb. zur Zweibr. Vorl. n. 23. S. 59.

„möchten, derselb Erbschaft verzeihen Wür vns nit."
K. Maxens Verwahrungsdecret für Herzog Albert IV. von 1497: s) „Wir Maximilian — bekennen
„öffentlich mit disem Brieff — als — H. Wilhelm
„und H. Ludwig mit gerechter Sipsal — Namen
„und Stamen des Hochgebohrnen Joergen auch
„Pfalzgrafen bey Rhein und H. in B. — auch
„seiner Lieb-Fürstenthumb, so vonn vns vnd dem
„heiligen Reich zu Lehen gehet, nach gemeltem
„Irem Vater Herzog Albrechten recht natürlich
„Erben seien, so betrachten wir, wo sich begeb —
„daß vorgenannter H. Jeerg solch sein Fürstenthumb
„oder etwas darvon, so von Allter zu dem Hauß
„Bayern gehöret, in seinem Leben oder von Todes
„wegen — in annder Hende zue stellen, zue wenden —
und dem — H. Albrecht — zue entwenden
„untterstünde — sezen ordnen und erkennen wir —
„das sy ganz zu nicht, von Unwürden — sein sollen."
Eben desselben Lehenbrief über die Georg. Erbschaft
von 1503: t) „vnd hat vns fürbracht wie die Regalia
„vnd

s) In Lünigs Reichsarchib. P. Spec. Cont. II. n. 33. pag. 54.

t) Antwort auf die Geschichts- und rechtmäßige Prüfung der Gedanken eines Baiern ꝛc. Lit. I.

„vnd Lehen — mit sampt allen den Fürstenthumben „Landen Grafschaften und Herrschaften mit irer „Zugehörung, so derselb H. Georg von vns vnd „dem H. Reich zu Lehen gehabt vnd verlassen hat, „auf Sy (Albrecht und Wolfgang) als die negst „gesippte Lehenserben von Mannsstamm auch nach „gemeinen Rechten vnd in Crafft etlicher Verträg „zwischen Jr baider Vorvodern Herzogen in Bayern „gemacht, erblich gemacht vnd angevallen wären." Spruchbrief von Augspurg 1504: u) „Nachdem „Wir Maximilian Römischer König — aus „beyderseits geführten Beweiß und mündlichen „Vorbringen klärlich vernommen vnd verstanden, „daß Herzog George in Bayern — keine nähern „Gesippten und SchwertlehenErben als gedachte „H. Albrechten und H. Wolfgangen Gebrüder „nach seinem Tod verlassen — " Von gleichem Innhalt sind auch die Hausordnungen im Pfalzischen Aste. In der von 1545 v) heißt es: „ — wie die „Chur — bey dieser vnser Linie der Pfalzgrafen an
„dem

u) *Du Mont* Corps diplom. Tome IV. P. I. n. 24. p. 49.

v) In *Toelneri* Cod. diplom. Palat. n. 222. p. 167.

„dem Rhein und unsern nächsten Erben nach
„vätterlicher Nachfolg aus Ordnung der Geburt
„bleiben und behalten werden. Daß auch — das
„Fürstenthumb der Pfalzgrafschaft am Rhein und
„zu Bayern — nimmermehr voneinander gescheiden
„werden — alsdann in Kraft unser natürlichen
„Blutsippschaft vnd Verwandtnuß als die nechsten
„rechten — Erben zu vnser Erbgerechtigkeit — der
„Pfalzgrafschaft am Rhein vnd zu Bayern —
„tretten und komen mögen." Erbvertrag von
1551. :w) — „Wir alsdann, denen es unter uns
„gebühret, aus natürlicher Blutsippschaft als
„nechste rechte wahre Ihrer Lbden Erben zu unserer
„Erbgerechtigkeit — der Pfalzgrafschaft am Rhein
„und zu Bayern komen möchten." Dieses alte
Baierische Herkommen wird auch in andern Pfäl-
zischen Urkunden zum Grund gelegt. ww) Aus
dem

w) Cir. l. n. 223. p. 168.
ww) Siehe mein II Sendschreiben an Pütter von
den bei allen Baierischen Erbtheilungen bewahrten Erb-
rechten des gesammten Wittelsbach. Hauses. S. 28, 29.
Zu den dort bemerkten Urkunden gehört noch K. Karls V
Lehenbrief von 1521. n 1. S. 2. der Anmerkungen
über das IV. Hauptstück der Unparth. Gedanken ꝛc.

dem obigen ersten Inveſtiturbrief von 1208 erklären ſich auch die Stellen, die ſo häufig in den Baieriſchen Landesprivilegien vorkommen, daß nemlich die ertheilte Freiheiten und den Ständen eingeräumte Rechte niemals zum Nachtheil der Erbrechte des Wittelsbachiſchen Hauſes ausgelegt und angewendet werden könnten. r)

Nach dem, was oben S. 179 ausgeführt worden, gehet ſchon bei Theilungen die allgemeine rechtliche Vermuthung dahin, daß ſie nur auf das nutzbare Eigenthum gegangen ſind. Dieſes findet noch beſonders bei der Baieriſchen Hausverfaſſung ſtatt, indem ſowol, Kraft des erſten Lehenbriefs, ſo lang noch jemand von Herzog Ludwigs I. Lehenserben vorhanden iſt, demſelben von den Vorfahren an ſeinem Erbrechte nichts vergeben werden kann, als auch alle bei demſelben vorgefallene Theilungen, niemals

---

München 1778. Pfalzgraf Ruprechts Verordnung von 1395. bei Ludewig *de aetate legitima pub. et maior.* C. V. §. 9. p 91. Die bekannte Rupertiniſche Conſtitution vom nemlichen Jahr bei *Toelner in cod. dipl. palat.* n. 185. p. 134.

r) In *Lunigii* Collect. Priuil. Nobil. immed. n. 40. col. 647. n. 10. col. 586. n. 13. col. 591. n. 14. col. 594.

niemals Todttheilungen gewesen sind, noch dergleichen haben seyn können, indem die allgemeine Reichsverordnungen, die wir von der Untheilbarkeit der großen Fürstenthümer oben angeführt haben, hier theils noch durch besondere Vorschriften gewähret, und theils sonst in gutem Andenken erhalten worden sind.

K. Ludwig IV. machte 1341, da Oesterreich zum erstenmal auf einen Theil des Baierlands Ansprüche zu formiren anfieng, eine Pragmatische Sanction, daß zu ewigen Zeiten Ober- und Niederbaiern nicht todtgetheilt, das ist, dem Eigenthum nach von einander getrennt werden könnten. η) Herzog Ludwig der Aeltere von Ingolstadt bezog sich 1429 bei dem berühmten Presburger Rechtstage auf die vorliegende Reichsgesetze. Man sieht aber auch daraus, daß sie nur auf die Grund- oder Todttheilung giengen, und mit nichten die andere Gattungen verwehrte. Denn dieser Herr nahm alle seine Rechtsgründe für die behauptete ausschließende Erbfolge in Niederbaiern daher, daß er

dieses

---

η) Im Anhang zur Sammlung der Baier. Landständ. Freiheitsbriefe und Landshandvesten ic. n. 9. S. 142.

dieses Land von dem übrigen Herzogthum durch Todttheilung abgesondert zu seyn glaubte; da hingegen die andere Baierfürsten mit Recht auf der Sammttheilung bestanden, und folglich in dem Urtheilsspruch obsiegten. s) Es ward sowol dieser Rechtsspruch, als die obige allgemeine Reichsverordnungen, von der ewigen Untheilbarkeit des Herzogthums Baiern 1484 von Kaiser Friederich III. dem Stammvater von Ihro Maj. der Kaiserinn Königinn auf eine sehr feierliche Weise wiederholt und bestätiget: „Wiewohl unser Vorfahren am „Reich Römische Kaiser und König aus nottdürftiger „Bewegnuß dem heyligen Reich auch seinen Für-„stenthumen zu gutt gesezt und geordnet, daß die „Fürstendom des heylligen Reichs ungethailt und „unzertrennt bleiben sollen — demnach so gebieten „Wir — damit dasselb Fürstendom (Bayern) „unser vnd des heylligen Reichs eigendom wieder „obberührt Gesäze und Ordnung vnserer Vorfahren
„am

s) Siehe meinen Auszug aus der Erbfolgsgeschichte des Herzogthums Baiern unter dem Wittelsbachischen Stamm, oder das VII Stück, das einzeln gedruckt, und zu Regensburg bei Kaisern zu haben ist.

"am Reich, und ſonderlich wieder Kayſer Sigmunds
"vnſers Vorfahren aygen Rechtſpruch vns durch
"glaublichen Schein fürbracht nit in Verenderung
"geſezt noch geſchmällert — werdten müge."
Dieſer Herr glaubte alſo für ſein Erzhaus nicht die
mindeſte Anſprache an Baiern zu haben, und ſchien
demſelben auch durch ſeinen Ausſpruch für die Folge
alles Recht, jemals mit etwas dergleichen hervor-
zutreten, benommen zu haben. Doch mein Endzweck
iſt es hier keineswegs, darüber Unterſuchungen an-
zuſtellen, ſondern ich habe nur zeigen wollen, daß
die Baieriſchen Erbtheilungen, vermög der vorlie-
genden, ſowol allgemeinen, als beſondern Reichs-
verordnungen, nichts anders als Sammttheilungen
oder Auszeichnungen der Länder ſeyn können, wo-
durch niemals das Geſchlechtsſammteigenthum des
Landes aufgehoben wird.

### Rechtsgründe,
warum die 1255ger Theilung für keine Todt-
theilung gehalten werden kann.

Schon nach der Nachricht, die uns die Annaliſten
von dem Geſchäfte gegeben haben, ließ ſich vermög
der

der vorangeschickten Theorie vorläufig bestimmen, daß es eine Sammt- oder Nutztheilung gewesen ist. Man hat aber hierüber überzeugende Beweisgründe.

Baiern wurde im ältesten Lehenbriefe dem ganzen Wittelsbachischen Stamme verliehen. Die Voreltern können also durch ihre Vorkehrungen den Nachkommen an dem bereits erhaltenen Anwartschaftsrechte nichts vergeben, und folglich sind sie auch nicht befugt, die Erbfolgsrechte der Lehenserben an das ganze Herzogthum durch eine Theilung aufzuheben. Ludwig und Heinrich haben dieses 1255 bei der Abtheilung keineswegs Willens gehabt, indem sie nach dem Zeugnisse ihrer noch vorhandenen Siegeln a) in dem Gesammtbesitze ihres Schild und Helms geblieben sind, und durch ihre Titulatur, b) die

a) Zweibrück. Vorlegung §. 59. S. 70.
b) Urkundenb. n. 2. Nos Henricus et Ludouicus Dei gratia Comites Palatini Reni, Duces Bauarie. n. 7. Wir Ludwig und Heinrich von Gottes Genaden Pfallenzgrafen bey Rhein Herzogen in Bajern. n. 8. Nos Ludwicus et Heinricus Dei gratia Comites Palatini Rheni, Duces Bauariae. Eben so n. 10—14. u. f. Der R. K. Rudolf I. bedient sich gleicher Formel in dipl. de 1275. Toeln. Cod. dipl. Palat. n. 107. pag. 75. Vocibus eorundem Fratrum Ducum Bauariae Comitum Palatinorum Rheni ratione ducatus pro una — computatis.

die sie meistens ganz in einander verschlangen, das ungetrennte Sammteigenthum des Landes behauptet haben. Da dieses ein Hauptargument gegen die behauptete Todttheilung ist, so will ich hier im Absatze eine Anzahl Urkunden und Stellen anführen. b)

§ 2 woraus

b) K. Karls IV. Confirmation der Sächs- und Heßischen Erbeinigung von 1373. *in Limnaei I. Publ. L. IV. C. VIII. n.* 61. Urkunde von 1418. in den Beil. der Rheingräfl. Gemeinschaft n. 13. p. 443. Privil. Erici D. Pomer. de 1459. *in Schilteri Diff. de Simult. inueſt. C. II. §. 3.* Io. de Slantewitz Lib M. contra Barth. de Kintsch de 1463. *in Haltaufii Gloff. col.* 1550. Auszug aus dem Pfälz. Mannbuch von 1463. *in Schilteri Comment. ad I. feud. Alem. C. CXXXVIII. §. 3.* Ganerbschaftsvertrag zwischen Eberhard von Königstein und Gottfried von Eppstein von 1495. in den Beilagen zur Gemeinschaft ꝛc. n. 11. p. 439. Chron. in *Kuchenbeck. Anal. Haff. P. III. p.* 51. Senkenberg bei Köhler in den Münzbelust. Th. IX. S. 278. Paul. Lang. in *Chron. Citiz. ad a* 1267. Schreiben Kurfürst Friederichs II. von Brandenburg an seinen Bruder den Markgraf Albrecht von 1465. in Hockers Hailsbronnischem Antiquitäten-Schatz S. 207. n. 1. Urtheilsbrief in der Spanheim. Sache von 1448. in der Vorr. zur Geschichte der Rheingrafen S. 21. Oesterreich. Vertrag in dem Kl. zu dem Neuenberg von 1379. bei Schrötter im Oeft. Staatsrecht Abth. V. §. 10. S. 153. Urk. von 1487. im Isenburg. Geschlechtsregister n. 144. S. 173.

woraus es sich bestärkt, daß die Beibehaltung des Namens und Wappens im mittlern Zeitalter ein unbezweifelter Beweis von dem ungetrennten Landeseigenthum, und der damit verbundenen wechselseitigen Erbfolge gewesen ist. Doch man kann noch den Einwurf machen: Herzog Heinrich hätte dem Bruder in der Folge die Führung des gleichen Titels widersprochen, und auch seine Söhne hätten demselben darüber Vorwürfe gemacht. Diese Einwendung läßt sich durch eine nähere Erläuterung und Untersuchung vollkommen widerlegen, und ihre Entwicklung dient zu einem wiederholten Beweise der geschehenen Sammttheilung. Herzog Heinrich von Niederbaiern gerieth wegen seinem Kurrecht in allerlei Streitigkeiten, weil man um diese Zeit die Anzahl der Kurfürsten festsetzen, und aus jeder Familie niemals mehr als Einen zur Wahl zulassen wollte. König Ottokar von Böhmen erhob Heinrichen

Carmen Vet. de nupt. Ludov. D. Bav. circa a. 1203. in *Vol. XII. Mon. Boicor. v.* 133. p. 92. Urk. Joh. III. von 1414 in der Gründl. Ausführung des Grumbach. und Rheingrafenstein. Erbfolgsrechts Beil. R. S. 94. Urk. von 1374. in dem Isenburg. Geschlechtsregister n. 112. S. 135.

richen die erſten Zweifel, die aber König Rudolf von Habſpurg zu ſeinem Vortheile aufſtößte. Heinrich, der in dieſem Spruche das Kurrecht als Herzog von Baiern verſichert erhalten hatte, wollte nun in ſeinem Hauſe ſelbſt allen weitern Anſtänden vorbeugen, weil es damals zuweilen geſchah, daß ein jeder, der von einem Lande den Titel führte, das ein Kurfürſtenthum war, ſich auf den Wahltägen einzufinden, für berechtiget hielt. e) Heinrich hatte

e) Dipl. Vrbani VI. Pont. Max. de 1381. *in Vol. IV. Comment. Acad. Theod. Palas. p.* 208. Attentis praeſertim Alemannicae conſuetudine patrie, ſecundum quam nonnullis partibus non ſolum primogeniti, imo et alii tertiogeniti ſeu alii deſcendentes ſe Comites Palatinos Reni. etc. etc. nominantes, poſſent ex nominatione huiusmodi ſe poſtea ad vocem in Rom. Regem etc. electoris ius habere pretendere.

Decret. Elect. Henr. VII. de 1309. *in Leibnitii Mant. Cod. dipL Iur. Gent. P. II. p.* 253. Ego quidem Rodolphus Dux Saxoniae pro me et nomine meo, ſimiliter et ego Waldemarus Marchio Brandenburgenſis praenarr. pro me et M. V. Ottone Marchione Brandenb. patruo meo, cuius vices in hac parte gero, nec non ill. V. Iohannis et Erici Fratrum Ducum Saxoniae, qui etiam vices ſuas in hoc caſu mihi commiſerunt, ſi de iure vel de conſuetudine repertum fuerit, eos fore in ipſa electione admittendos vice et nomine. — —

hatte zu besorgen, dieses möchte einmal auch von seinem Bruder, oder von dessen Descendenz geschehen, und war daher bemüht, ihn zur Ablegung des Baierischen Titels zu vermögen. Allein Ludwig der Strenge sah die nachtheilige Folgen vorher, welche dieses für sein anwartschaftliches Erbrecht an Niederbaiern haben könnte, und weigerte sich, dasselbe zu thun. Da ohnehin noch einige Grenzstreitigkeiten dazu kamen, so schlug die Sache in eine öffentliche Fehde aus. König Rudolf I. gab sich alle Mühe, diese Brüderliche Uneinigkeit zu stillen. Er war auch so glücklich, daß sich beide Prinzen zu einem Vergleiche verstanden, der dahin gieng, daß alle Frage, die über die jedem besonders zukommende Gerechtsame entstehen könnte, 22 Jahr ruhen sollte. Es ist daher der von Heinrichs Sohne Otto 1290 erneuerte Streit über diesen Gegenstand ganz unbillig gewesen, da weder die beliebte 22 Jahre abgelaufen waren, noch auch die Sache unter den Brüdern

quibus sic peractis ego Rudolphus Comes Pal. Rheni praed. de mandato et voluntate speciali Coelectorum meorum omnium praed. eundem Henricum Comitem Luzeuburgensem elegi solemniter in hunc modum.

Brüdern allein, sondern zugleich für ihre Kinder abgetheidigt war. Eben deswegen gab sich Otto, da ihm der Oheim diese Unbilligkeit nachdrücklich vorstellte, so geschwind wieder zur Ruhe, und der Vilshofer Vertrag, den man schon 1280 u. 1287 erneuert hatte, wurde 1293 nochmals bestätiget. f) Gleichwie sich schon aus dieser Verhandlung die Verbindung ergiebt, in welcher wegen ihrer Reichsfürstlichen Gerechtsame die beiden Herren Ludwig und Heinrich gegen einander gestanden sind, so zeigen sich aus andern Vorfallenheiten noch weit deutlichere Kennzeichen, daß sie sich von einander niemals auf ewig abgesondert oder todtgetheilt betrachtet haben. Denn gleich nach der Theilung fuhren sie fort, die Passauische Lehen mit einander zur gesammten Hand zu empfangen. g) Als sie

1269

f) *Meine Abhandl.* von dem Herzogl. Baierisch. und Pfalzgräfl Rhein. Kurrechte S. 20 und 21.
Urkundenb. n. 20.
g) *Hundii Metropol. Salisburg. cum not. Gewoldi T. I. p.* 318. Otto Episcopus Patauiensis iisdem Ducibus feuda quae Comites de Pogen nec non Rapoto Comes Ortenbergensis ac Palatinus Bauariae ab Ecclesia Patauiensi in Beneficium tenuerant cum capituli consensu

1269 die Konradische Schwäbische Erbschaft abtheilten, behielten sie viele Stücke im engern Sammteigenthum. h) Schon bei den ersten Irrungen, die sich bei ihnen, theils wegen der Grenzscheidung erhoben haben, theils von einigen ihrer unruhigen Unterthanen verursacht worden waren, bestellten sie ein gemeinschaftliches Einlager, i) und hielten einen gemeinschaftlichen Gerichtshof, k) welcher der-

conceſſit. Patauii 1262. XVIII. Kal. Iun. Siehe oben Stück II. S. 59, 60.

h) Lit. diuiſ. de 1269. bei Aettenkhover in der kurzgefaßten Geschichte der Herzoge von Baiern, Beil. S. 175. Protulerunt etiam arbitrando, quod caſtrum et ciuitatem Nurnberch et oppidum Lauging poſſidemus et tenebimus pari iure. Ciuitatem etiam Noerdling ſimul habebimus et perſoluemus aequaliter — quidquid ad acquiſitionem eiusdem ciuitatis eſt impenſum vel adhuc fuerit impendendum.

i) *Brunneri Ann.* ad a. 1276. P. III. col. 211. Clarigatio pignerandique abuſus, iniurias ſuas alienasque perſequentibus perquam familiaris, certis legibus reſtrictus. Siehe Urkundenb. n. 7.

k) Vertrag von 1265. bei *Brunner col.* 210. Vtriusque principis Beneficiariis, quibus cum alterutro eorum lis intercederet, actio, aut ſi ipſorum principum tribunal ;is non pateret, appellatio ad praetorium prouinciale conceſſum. *Idem col.* 209. Saepius deinde iuris dicundi

dergleichen Streitigkeiten zu entscheiden hatte. Nach‑
her beliebten sie für sich und ihre Diener ein beständ‑
diges Austragsgericht. l) Man machte eine und
eben dieselbe Gerichts‑ m) und Criminalordnung n)
in beiderlei Länder, und ordnete gleiche Justizstellen
an. o)

§. 5                                             1,285
causa eo anno fratres congressi sunt, nunquam defici‑
entibus causis domesticorum incendiorum, nisi in scintilla
opprimerentur. Theidigung von 1288 im Urkundenb.
n. 14. Si habent auch gesetzt, daß unser baider Vizthum
die Obern‑ und die Nibern ir ieglicher drei nemme, von
unsern Dienstmannen oder unsern Dienern, die in beholffen
und beygestanden seyn ze underſtenne Raub und Brand
und anderley Schäden, und sulen auch wir schaffen,
das si des baidenthalben gewaltig sin.

l) Man sehe alle Verträge von dem 1276ger in der
Reihe durch. Vertrag von 1290 bei Oefele T. II. p. 111
Es sollen auch die Herzogen beid miteinander einen tag
suechen und sollen da yedwederthalben Zwölffe taen ir
Dienstmann und ir Diener verrichten umb Aigen und
umb Lehen.

m) 1276ger Vertrag bei *Brunner Ann. col.* 211. Certa
exercendorum iudiciorum forma legesque constitutae,
iis legibus ipsi principes subiecti. Vergleich von 1262
ebendaſ. col. 209. Aequitas in tribunalia reuocata,
amandatae coruptelae.

n) Urkundenb. n. 11.

o) *Brunner Ann. col.* 211. Litibus finiendis prouin‑
ciales praetores cum amplissima poteſtate data.

1285 errichteten sie einen Vertrag, wie sie ihre Rechte über die Stadt Regenspurg, welche, wie bekannt, ehmals die Hauptstadt des Herzogthums Baiern gewesen ist, ausüben wollten. Dieses mögen sich diejenige Gelehrten anmerken, die behaupten, daß bei einer Sammttheilung das Stammschloß gemein bleiben müßte. Die Wittelsbacher hatten schon, ehe sie Baiern bekamen, ihr Stammhaus Scheuern einem Kloster geschenkt; folglich konnten sie nur noch ihre Rechte an die Hauptstadt in Gemeinschaft erhalten. p)

In einem 1291 errichteten Sünbriefe q) werden die sämmtliche Agnaten erinnert: „daz auch die „vorgenanten Herren ꝛc erchennen geben, daz si „gutlich und frundtlich miteinander leben wollen, „vnd ir Lant vnd ir Läut mit Frid beschermen." Ausdrücke, die in der That keine Todttheilung vermuthen lassen!

Es ist so wenig richtig, daß die Landstände in Ober- und Niederbaiern sich von einander getrennt, und eigene Korpora formirt haben, die wechselseitig

außer

---

p) Urkundenb. n. 12.
q) Ebendas. n. 16.

auſſer aller Verbindung gekommen ſind, r) daß vielmehr Pfalzgraf Ludwig der Strenge und Herzog Otto den geſammten Landſtänden ihre Privilegien confirmirten, und 1329 die drei Niederbaieriſchen Prinzen, Heinrich, Otto und Heinrich, den Oberbaieriſchen Klöſtern nicht nur ihre alte Privilegia beſtätigten, ſondern auch neue hinzufügten. s) Ueberhaupt ſtanden die Regenten von Oberbaiern mit dem Niederbaieriſchen Hauſe in der genaueſten Verbindung, und ließen ſich bei jedem Nothfall die Vertheidigung des Herzogthums gemeinſchaftlich angelegen ſeyn. t) Ohne die Einwilligung der ſämmt-

r) Siehe oben Stück II. S. 66.
s) Geſchichte des Vertrags von Pavia, S. 51, 52.
t) *Chron. Auguſt.* ad a. 1258. *in Freberi Script. rer. Germ. Edit. Struu p.* 532. Iam etiam ſuperuenerat cum paucis D. Ludwicus Dux, frater ſuus, de partibus Rheni velociter euocatus, in cuius abſentia praefatus Rex (Ottocarus) ſperabat ſe ſui propoſiti deſiderium adipiſci. Rex itaque ſaepefatus cernens animoſitatem Ducum et gentium Bauariae timuit congredi cum illis.
Verſchreibung und Hindergang auf B. Heinrich von Regenſpurg von 1288. bei Oefele *in Specim. dipl. Baioar. T. II Script. p.* 110. Darzu haben wir gehaiſſen, daß all unſer Marchleut, Vizdomb, Dienſtmann, Diener und Richter zeſammen ſchweren, das ſy mit gemeyner

sämmtlichen Herren konnten weder neue Schlößer erbauet, noch die Grenzen erweitert werden, und wenn in einem Theil etwas durch die Eviction hinwegkam, so mußte der andere den Schaden mit tragen helfen. u).

Im Jahr 1312 ward Herzog Ludwig von Oberbaiern, aller Oesterreichischen Gegenbemühungen ohngeachtet, Vormünder über die obgedachte damals noch minderjährige Herren. v) Ob er schon diese

Hilf; weren und unterſteen allen den Schaden, den unns oder den unſern die Behaym darauß thunt. Vertrag von 1290. Ebendaſ. p. 113. würde aber es alß veſt, das man für ain Purg fallen muëßt, oder etwas annders da zu thun, ſo ſoll der Herzog Ludwig ſeiner Eun ainen ſeinen Vettern ze Hilff ſennden, und der Herzog Ott herwider ſeinem Vettern dem Herzog Ludwigen ſeiner Bruedern ainen, ob ſein Not beſchieht.

u) Vermög des 1252ger Vertrags bei Brunner col. 209. Condendarum muniendarumue arcium, proferendorum per emtionem limitum, niſi ex communi conſenſu, vtrique facultas adempta. — — Si quid ex iis, quae fortito alterutri principum obtigerant, jure olim euinceretur adimereturque, id damnum ambobus ex aequo luendum pronunciatum eſt. Wie ſehr verdient nicht dieſer für das Pfälziſche Haus ſo wichtige Vertrag einmal vollſtändig edirt zu werden!

— v) Man vergleiche die Beweisſtellen die oben St. III.

diese Tutel, vermög des Testaments König Ottens von Hungarn, und Herzogs von Niederbaiern erhalten hatte, so zeigt sich doch aus dem Umstand, daß sein Bruder, Pfalzgraf Rudolf I. dessen in dem Testament nicht gedacht worden, dieselbe mit ihm geführt hat, daß es eine Agnatische Vormundschaft gewesen ist, welche die Anwartschaftliche Erbfolge in sich schließt. w) Eben so fiel demselben nach dem Tod Herzog Heinrich des Aeltern, mit dem er beständig in Verdrüßlichkeit lebte, 1339 die Niederbaierische Vormundschaft und Landsadministration heim. y)

Ich will der übrigen Beweise von der fortgedauerten Agnatischen Verbindung zwischen den Linien S. 80 u. ff. vorkommen, mit denen, die ich in der Geschichte des Pavischen Vertrags S. 17 u. ff. angeführt habe.

w) Vermächtnis H. Heinrichs des Jüngern von Niederbaiern von 1331. *in Scheidii Bibl. Goetting. T I. n.* 31. p. 241. Vermächtnis H. Ottens von 1333. *ap. Oefl. Script. rer. Boic. T. II. p.* 163. Lebensbeschreibung Landgraf Ludwigs von Thüringen B. III. Cap. III. *in Tenzelii Suppl. II Hist. Goth. p.* 543.

y) IV Freiheitsbrief in der Sammlung der Baierischen Landstände Freybeitsbriefe und sogenannten Landvesten S. 11.

Linien Ober- und Niederbaiern, da sie schon in meiner Geschichte des Pavischen Vertrags vorkommen, y) nicht einmal gedenken, sondern dagegen denjenigen Rückfall bemerken, der auf den Ausgang dieser Linie erfolgte. Man hat hierüber nicht nur die deutlichste Erklärungen Kaiser Ludwigs, z) sondern es ergiebt sich noch besonders aus einem Diplom, das ich hier bekannt mache, a) wie wenig man sich Oesterreichischer Seits beigehen ließ, diesen Erbschaftsantritt zu bestreiten, daß vielmehr Herzog Albrecht II. von Oesterreich, selbst mit dem Agnatischen Erbfolger ein Freundschaftsbündnis errichtete. Wenn also 1255 keine Sammttheilung, oder bloße Auszeichnung des nutzbaren Besitzes vorgegangen wäre, so hätte 1340 das Niederland nicht mehr an die Oberbaierische Linien zurückfallen können. Es war auch nicht, daß Kaiser Ludwig allein succedirte, welches man etwa aus dem Vermächtnisse Herzog Ottens erklären könnte. Nein, sondern die Pfalzgrafen

y) S. 50, 51 und hin und wieder.
z) Sie sind alle gesammelt in meiner Geschichte der Straubingischen Erbfolge, 1 Jahrg. 1425. S. 6, 7, 8.
a) Urkundenb. num. 22. aus einem Mscpt. von 199 Blätter unter N. 9165. fol. 190.

grafen am Rhein meldeten sich zugleich zur Erbschaft, und obschon ihnen Ludwig dießmal wegen dem streitigen Vertretungsrecht vorgieng, so hielten sich doch seine Söhne zu einer Abfindung von 60000 Fl. verpflichtet, und bekamen dafür eine Verzichtsacte, worinn man sich aber bei einem weitern ledigen Anfall die Erbrechte vorbehielt. b) Alle Umstände und Vorfälle sind also gerade zu gegen die beliebte Todttheilung. Diese kann um so weniger präsumirt werden, als sie, wenn man sie behaupten will, aufs strengste erwiesen werden muß, welches hier desto unmöglicher wird, da, ohngeachtet des Abgangs des Theilbriefs selbst, dennoch überall die deutlichsten Kennzeichen der beibehaltenen Gemeinschaft vorhanden sind. Dergleichen ist noch die von den sämmtlichen Baierischen Prinzen, ohngeachtet des von Pfalzgraf Ludwig dem Strengen 1282 ertheilten Willebriefs c) 1289 geschehene Pro-

---

b) Geschichte der Straubing. Erbfolge, Seite 13, 14. Siehe auch den Beweis, daß die in der Obernpfalz occupirten Ortschaften und Pflegämter, samt der Grafschaft Chamb, nicht unter die Verlassenschaft Herzog Johanns von Straubingen gehörig gewesen. S. 12.

c) In *Lambacheri* demonſtrat. iuris quo Imp. Rud. vſus

Protestation gegen die Belehnung, die K. Rudolf seinen Söhnen über Oesterreich, Steiermark, Kärnthen und Krain ertheilte. Sie trugen ihre Beschwerden gemeinschaftlich den versammelten Ständen vor, und sprachen diese Länder, als zu ihrem Herzogthum Baiern gehörig, an. b) Verschiedene

bst, cum ditiones Auft. ab Ottocaro R. Boh. vendicaret. §. 46. p. 70.

b) *Meichelbeck in Hist. Frising. T. II. P. I. pag. 90.* (aus Archivalacten) Soli fuere duo Boiariae Duces Ludouicus et Henricus qui Austriam Carinthiamque sibi deposcebant, quippe quae multis titulis ipsis essent debitae et a Bojaria iniuste fuissent quondam avulsae. Aventins Bayerische Chronick Bl. 470. Allda begehrten die Beyerischen Fürsten vnd Pfalzgrafen am Rhein Ludwig der ander vnd Heinrich XIII. mit sampt iren Söhnen das Land Osterreich, Steyermarck vnd Kernthen wider, das ire Vorfähren von Römern vnd Winden zum Teutschenland gebracht hätten. Aber ir Beger hett kein Ansehen bey den Ständen deß Reichß — Den Fürsten von Beyern gefiel solches nicht; zogen on Urlaub von Stund an, ehe denn der Reichstag auß warb, weg. *Id. in Annal. L. VII C. IX. §. 12. p. 683. Toelner in Historia Palatina C. XIX p. 413.* Eod. quoque anno Imperator VIII. Kal. Ian. conuentum principum egit Augustae et imprimis Bauaris diem dixit, vbi Bauarorum legati Austriam, Styriam et Carinthiam sibi reddi postulant, quas regiones Majores sanguine suo acqui-

schiedene neuere Oesterreichische Schriftsteller, Schrötter und Hayrenbach haben zwar diese ehmalige Abhänglichkeit wiederum ableugnen wollen. Allein es sind deswegen so deutliche Zeugnisse alter Scribenten e) und so glaubwürdige Dokumente f) vorhanden, daß man allen Zweifel aufgeben muß.

Einen

---

fuissent, coloniasque Bauarorum suorum eo deduxissent, nunc iniuste ipsis ablata esse. *Beck in Specim. 1. Iur. publ. Auftr. C. IV. §. 4. p. 80.*

e) *Chron. August. ap. Freher. Script. rer. Germ. T. I.* p. 495. Et quia eiusdem Marchionis magna nobilitas et multa exigebat honestas, vt nomen ducis non perderet; Imperator de voluntate et consensu principum in ciuitate Ratisponae habita ann. 1156. Marchionatum Austriae à iurisdictione Ducis Bauariae eximendo et quosdam ei comitatus de Bauaria adiungendo conuertit in Ducatum, iudiciariam potestatem principi Austriae ab Anaso vsque ad Syluam prope Patauiam, quae dicitur Rotensala, protendendo. Nam hucusque quatuor Marchiones, Austriae, Stiriae et Ystriae, Chambensis, qui dicitur de Vohburg, euocati ad celebrationem curiae Ducis Bauariae veniebant: sicut hodie Episcopi et Comites ipsius terrae facere tenentur. Eben das enthält das *Breue Chron. Bauariae in Oefelii* Tom. I. Script. Boicor. p. 339.

f) Placitum Henrici Boiorum Ducis in *Tom. I. Script. Boic.* p. 718. Mehrere dergleichen Acten sind in den XIII Bänden der Monument. Boicor. häufig anzutreffen,

Einen weitern Grund, daß unsere erste Haupttheilung nicht von der Art gewesen ist, wodurch das Geschlechtseigenthum des Lands getrennt wird, erhalten wir aus der Analogie der Baierisch-Pfälzischen Haustheilungen überhaupt. Es sind in den beiden Hauptlinien Pfalz und Baiern eine Reihe von Abtheilungen vorgegangen, und nichts destoweniger nach Erlöschung der Linie irgend eines oder des andern Theilers ein erbschaftlicher Rückfall geschehen. Unnöthig wäre es, wenn man hier diese Theilungsbeispiele wiederholen wollte, da sie sich schon in der letztern Herzoglichen Zweibrückischen Deduction g) umständlich vorgetragen finden, und nur noch mit derjenigen von 1331 in dem Niederbaierischen Hause bereichert werden können, h) als nach welcher das Land im Jahr 1335 unter Herzog Heinrich dem Aeltern ebenfalls zusammengekommen, und folglich auch diese den andern gleichartig ist, die sämmtlich wahre Beispiele von bloßen Auszeichnungen der Besitzung sind, wobei keineswegs das und sie verdienten von einem Baierischen Scribenten gesammelt und ins Licht gestellt zu werden.

g) Abschnitt I. Satz III. §. 52 u ff. S. 57.
h) Oben Stück III. S. 89. und Stück IV. S. 103.

das Geschlechtseigenthum getrennt, oder das Erbrecht nach dem Geblüte aufgehört hat.

Auf diese etwas lange Digression, die bloß der letzte Baierische Successionsstreit, wo man Oesterreichischer Seits bei dem Streitsatze, daß die erste Baierische Erbtheilung eine Todttheilung gewesen, und mithin das dadurch abgesonderte Niederbaiern unter der Disposition des spätern Pavischen Vertrags nicht mitbegriffen sey, unverrückt stehen geblieben ist, nothwendig gemacht hat, kann ich jetzt wiederum die Erzehlung derjenigen Begebenheiten Pfalzgraf Ludwigs I. fortsetzen, die mit seiner Erbfolgshistorie in Verbindung stehen. Vorzüglich gehören die Erwerbungen hieher.

1272 machte derselbe mit Bischof Leo von Regensburg einen vortheilhaften Vertrag, wodurch er sich verschiedene Stiftslehen erwarb. a) 1176 mußte sich Herrmann von Staufe gegen ihn und seine Erben verbindlich machen, daß er bei einer zukünftigen Veräußerung seiner Lehen ihm den

a) Urkundenb. n. 1.

Vorkauf gestatten wollte. b). Die Stück III. S. 68 bemerkte Schenkung aller Güter von dem letzten Herzog Konrad von Schwaben ward durch König Rudolf bestätiget, und sämmtliche Kurfürsten scheinen darüber ihre Willebriefe ertheilt zu haben. c) Wenigstens besitzt man noch den Böhmischen, welchen Goldast d) edirt hat, und der hier unten angemerkt wird, weil man ihn in der Aettenkhoverischen Urkundensammlung vermißt. e) Die Ansprüche, die seither die Oesterreichischen Schriftsteller auf das Herzogthum Schwaben für ihr

Erz-

b) Ebendas. n. 6.
c) *Toelner* in Hist. Palat. C. II. p. 41.
*Scheidt* in praefat. ad T. III. p. 80 seq.
d) In adpend. Document. ad Comment. de regno Bohemiae p. 32.
e) Nos Wenceslaus Dei gratia Rex Bohemiae Dux Cracouiae et Sandomiriae, Marchioque Morauiae Sacri Romani Imperii princeps et pincerna. — — Sicut haec omnia in ipsius Domini hostri Regis Rudolphi patentibus instrumentis expressa et per eundem Dom. Regem Rudolphum facta sunt, approbamus et nostrum eis praebemus assensum praesentium literarum testimonio, quas ad maiorem cautelam sigillis nostris iussimus sigillari. Datum Pragae A. D. MCCXCI. XVII. Kal. Maii. Ind. IV. in *Toelner Cod. dipl. palat. n.* 110. p. 77.

Erzhaus gemacht haben, sind demnach ganz ohne Grund; denn sie können sich zu dem Ende weder auf eine Belehnung berufen, weil die Stelle der Hist. Austr. f) falsch ist, und selbst ein Kaiser ihres Hauses, Friederich III. noch 1487 das Herzogthum Schwaben als dem Reich erlediget erklärt hat; g) noch auf die Rechte der Landvogtei, weil Wegelin h) aus einer Menge Urkunden zeigt, wie diese mit den Herzoglichen Vorrechten nichts gemein hat, und erst späte Pfandsweise an Oesterreich gekommen ist; noch auf die Staufenische Erbschaft, weil das Erbrecht an diese Verlassenschaft niemals den Habspurgern, i) sondern den Herzogen von Baiern angefallen, oder vielmehr übertragen worden

f) Ad a. 1232 Rudolphus Rex Augustae curiam celebrat, ibique de consilio et voluntate nobilium, qui aderant, Albertum filium suum, Ducem Austriae et Styriae constituit, et Rudolphum Ducem Sueuiae creauit.

g) *In Dattii* Vol. rer. german. de pace publ. L. II. C. VI. p. 272.

h) Im gründl. historischen Bericht von der Kaiserl. und Reichslandvogtei in Schwaben. Th. II. Abſch. VIII. §. 2. p. 170.

i) *Io. Frid. Balbach de Gastel* Fata Ducatus Alemanniae et Sueuiae, Lipſ. 1757. §. 12 seqq.

den ist. Alle Rechte und Ansprüche, die auf die Ueberbleibsel der Schwäbischen Herzoge noch geltend gemacht werden können, gebühren ganz allein dem Wittelsbachischen Hause. Ihm allein ist die Erbschaft dieser mächtigen Fürsten angefallen, feierlich übertragen und gewähret. Wer also ebenfalls Gerechtsame darauf haben will, der muß sie auf eine gleich rechtskräftige Weise vorlegen, wie es von diesem Haus geschehen ist. Die übrigen Erwerbungen unsers Pfalzgrafen hat der Mönch Eberhard von Niederaltaich t) genau aufgezeichnet. Man
sieht

t) *In Ann. ap. Canif. Lect. antiqu. T. 1. p.* 357. Isti sunt quorum haereditas cum castris et praediis ad Ludouicum Ducem eiusque filium denoluta sunt. Fridericus et Hermannus Landgrauii de Stefrungen, Vtricus Comes de Velburch et Chlamine. III Fratrès Burgraii de Rietenburch vel Rot, Otto liber de Werd apud Hailigenstat, Tupoldus Marchio de Hohenburch et Chambe, Chonradus Dux de Chaw, Fridericus et Otto Wittelnsbach Comites Palatini, Henricus Liber de Landsberch apud Leeh Fluv. Henricus Marchio Istriae de Andechsen, Otto fratruelis suus Dux Meraniae de Wolfrachtshufen, Otto Comes de Phalagia, Sibote Comes de Hadmarsberg, Gunradus Comes de Wazzerburch, Alheit Comitiffa de Moren, quae habuit Castrum in Montanis, Siegefridus et Bernhardus Comites de

ſieht daraus, beſonders wenn man etliche andere Urkunden in den Monumentis Boicis damit vergleicht, wie ſich um dieſe Zeit die alte Staatsverfaſſung, nach welcher die geringere Reichslehen unmittelbar von den großen Herzogthümern abhiengen,

und

Liebenawe, quorum erat Ciuitas in Burckhuſen, Cuno Comes de Melunge, Ernhardus Comes de Doren, Henricus Liber de Vilspiburch, Chalhohus Comes de Chirchberch, Ratoldus Liber de Chag, Babo de Elbrechſchirichen, Hadmar et Rapoto fratres de Ahuſen ſiue Landawe, Henricus Comes de Ortenberch et Raboto frater ſuus Comites Palatini Bauariae, Leupoldus, Berchtoldus et Albertus Comites de Bogen, Ludouicus Liber de Haginawe H. et L. Liberi de Henchoven, item Raboto Palatinus Miniſterialis de Rotal, item Otto Comes de Gruembach, Hoholdus gener ſuus de Wolmrotſa, item Comes de Mosburch, item Liber de Witendorf.

Vergl. *Adlzreitter* Ann. Boicae Gentis P. I. L. XXV. col. 654. wo er nach Aufzählung der ausgeſtorbenen Familien ſchließt: Sic intra non longum tempus auctae ſunt tot familiarum occaſu Boicorum principum opes atque potentia; und *Brunner* in Ann. P. III. L. V. ſ. I. col. 206 — — Tot heroum familias intra annos pauculos in Libitinae cenſum redactos recitari vel ea gratia neceſſe fuit, quod Boicos principes haeredes ſunt nacti — — Aucta autem, vti diximus, principum potentia in vacuas poſſeſſiones ſuccedentium.

und bei Erledigungsfällen an dieselbe zurückfallen mußten, noch unverrückt bestand. l) Folglich ist der Grundsatz der teutschen Staatsrechtslehrer: m) daß durch die Zerreißung der großen Herzogthümer unter Kaiser Friederich I. die mittelbare Reichslehen alle unmittelbar geworden seyen, nicht allgemein richtig. In Sachsen und Baiern findet sich die Ausnahme, da blieb bei geringeren Lehen die alte Staatsverfassung größtentheils bis auf den K. Rudolf I. unverändert. Erst dieser und seine Nachfolger wußten dieselbe nach und nach in Abgang zu bringen.

l) *Mich. Ad. Bergmann* de Ducum Boioariae iure Regio praesertim succedendi in Nobilium patriae feuda actiua. 1778 §. 15 p. 16.

Häberlins Pragmat. Auszug aus der Welthistorie. Th. II. S. 360.

*Viti Arenpeckii Chron. Bav.* ad ann. 1411. col. 375. Mortuo autem Henrico (de Chaltam) Dux Fridericus mox omnia castra, dominia, atque bona sua relicta sibi vsurpauit, eaque in possessionem recepit absque lite et magno impedimento, quia in terra et Comitatu Ducis omnia sita erant, tum quia Henricus haeredes et cognatos nullos habuit.

m) *Kopp* de insigni differentia inter Comites et Nobiles immediatos Sect. I. §. 9. p. 117.

Häberlins Pragmatisch. Auszug aus der allgemeinen Welthistorie. Th. II. S. 227, 228, 312.

bringen und zu vernichten. n) Die ersten Versuche

Rudolfs

n) Johann Euchar Freiherrn von Obermayrs kurze Geschichte der Erbfolge in Baiern. Mscpt. §. 4. »Unter Otto, ihrem Vater, sind die Grafen von Falei, von »Wasserburg, von Andechs, und vorhin, unter Herzog »Ludwig, die Grafen von Bogen ausgestorben, deren »sämtliche Stammgüther und Grafschaften die Herzoge »von Baiern an sich gebracht und dem Ducatui auf ewig »einverleibt haben. Diese Grafen mit ihren Grafschaften »stammten wie die Herzoge selbst von Fürstlichem Geblüte, »und so weit in selbigen Zeiten die iurisdictionalia et »regalia bekannt waren, haben sie dieselbe auf ihren »Stammgütern und Schlössern ganz gewiß in eben der »Maße als heutzutage die Grafen von Ortenburg, Frau»enhofen, und vorhin die Grafen von Haag, Waldeck, »Schwangau, Hals, Lichtenberg Sulzbürg ꝛc. und die »Baierischen Bischöffe solches hergebracht haben; außer »daß sie nach den allgemeinen Reichstagsschlüßen bei »dem Baierischen Pannier verbleiben und auf den Land»tägen den gemeinsamen Bürden und Rathschlägen bei»treten müßen. Mit dem will man nur kurz auf den »Schluß deuten. Gleichwie die Herzoge jene Grafschaften »in ältern Zeiten dem Ducatui einverleibt haben, so »können auch dermal die neuerlich acquirirte Grafschaften »Haag, Maxelrain, Degenberg, Sulzbürg, Schwangau »und Abensperg nit mehr davon getrennt werden, und »wann die Bißthümer selbst aussterben könnten, oder »sich solches mit Ortenburg und Frauenhofen zutragen »würde, so müßte es auf gleiche Art gehalten werden. »Die Grafen von Bogen, Falei, Andechs und Wasserburg

Rudolfs waren oft vergeblich. Nachdem Herzog Heinrich von Baiern die Grafschaft Mosburg als heimgefallen eingezogen hatte, so sprach Rudolf dieses Lehen als Reichsunmittelbar an, und gab Pfalzgraf Ludwig, der gerade um diese Zeit mit seinem Bruder in Zwist lebte, die Belehnung darüber. Allein Heinrich ließ sich dadurch an seinem Rechte nicht irre machen, sondern trug dieselbe zum vollständigen Beweise seines vollkommenen Eigenthumsrechts dem Bißthum Regenspurg auf, von welchem sie hernach seine Nachkommen lange Zeit zu Lehen nahmen. Der Pfalzgraf gab am Ende seine Ansprüche selbst auf. o) Eben so machten die Baie-

„haben allem Ansehen nach ihre Graf- und Herrschaften „ebensowol als die Letztere zu Lehen aufgetragen; doch „so, daß ein wie der andere pars Ducatus und ihre Graf„schaften vi iuris regii mit Baiern vereinigt werden „müßen."

o) Siehe oben St. II. S. 64, 65. und Wiguley Hund Baierisches Stammbuch, Ingolstadt 1585. Seite 112. *Adlzreitter* Ann. P. I. L. XXV. col. 654. *Meichelbeck* in Hift. Frifingenfi, Tom. I. P. I. cap. V. §. I. pag. 93. wo zugleich der Freisingische Lehenbrief vorkommt. Nos Heinricus D. G. C. P. Rh D. B. tenore prefentium profitemur, quod vniuerfa feoda *infra noftri ducatus terminos fita*, que olim Comites de Mosburga à Frifin-

Baierischen Herzoge nach der Achtserklärung Ottokars von Böhmen auf die Oesterreichische Erbländer, als Apertinenzien von Baiern, Ansprüche, wie wir oben gesehen haben. p)

Ludwig der Strenge, der 1295 starb, besaß für sich die Kur als Pfalzgraf am Rhein. Wir finden deswegen ein Zeugnis in einer Bulle P. Urbans IV. von 1262, q) 1256 und 1273. Vor den Wahlen Richards und Rudolfs versah er das Reichsvikariat. r) Nach der geschehenen Abtheilung der Konradischen Erbschaft ließ er sich das Truchseß-

genfi Ecclefia poffidebant, poft obitum eorundem comitum fine heredibus decedentium à manibus — — Emichonis Ven. Epifc. Frif. fufcepimus nos et heredes noftri feodali titulo poffidenda. — — Actum et datum Mosburge 1284. VII. Id. Oct.

q) Ap. *Odor. Raynald. Ann. Eccl.* XIV. p. 89. ad — Comitem Palatinum Rheni — pertinet, ad electionem ipfam celebrandam, diem praefigere ac ceteros electores principes conuocare.

r) *Kuchenbeckeri Anal. Haff. Coll.* I. p. 396. Ludouicus Palatinus tempore interregni a. 1256. V. Kal. Iun. Philippo de Falckenftein — Comitiam Wedrebiae cum fuis pertinentiis — in feudum concefferat, vt conftat ex quod Vidimus Petri Ep. Mogunt. de a. 1302. Kal. Oct. Item a. 1273. Kal. Nov. idem Ludouicus Comitiam Wedrebiae concedit Mechtildi Collaterali Werneri

ſeſſenamt von Berchtholden, Biſchoff zu Bamberg, reichen, s) führte es aber niemals im Titel. 1274 erkannte man zu Nürnberg in einem allgemeinen Reichsſchluß, daß in allen Streitigkeiten, die ein Römiſcher König mit irgend einem Reichsfürſten hätte, dem Pfalzgrafen am Rhein bei der gerichtlichen Unterſuchung der Vorſitz gebührte. t) Die Rechte der Reichsverweſerei, die mit der Erzpfalzgräflichen Würde verknüpft ſind, beſtätigte Rudolf von Habſpurg 1277 förmlich, u) nachdem er zugleich 2 Jahre

de Falckenſtein pro dote. Vergl. *Muſeum Noricum*, *Altorfii* 1759. n. 21. p. 217, ſeq.

s) In *Toelneri* Cod. dipl. palat. n. 117. p. 80.

t) Tom. IV. *Comment. Acad. Theod. Palat.* pag. 253. In publico Conſiſtorio tempore ſolempnis et regalis curie Nuremperc celebrate, conſidentibus principibus ac honorabili caterua comitum et baronum, maximaque multitudine nobilium et plebeiorum aſtante, coram Sereniſſimo D. Rudolfo Rom. rege exhibendum vnicuique iuſticie complementum. Primo peciit rex ſuper bonis imperialibus et ad fiſcum pertinentibus et aliis iniuriis regno vel regi irrogatis contra aliquem principem imperii haberet proponere aliquid quaeſtionis, et diffinitum fuit ab omnibus principibus et baronibus, qui aderant, *quod Palatinus Comes Reni auctoritatem iudicandi ſuper queſtionibus quas imperator vel rex mouere vult principi imperii optinuit et optines ex antiquo.*

Jahre vorher Baiern für eine Kur erklärt hatte. In dem Diplom ist eine Stelle, die uns von dem ununterbrochenen Gemeineigenthum der Brüder Ludwigs und Heinrichs immer mehr überzeugt. Es heißt: vt cum — Ludouicus Comes Palatinus Rheni Dux Bawariae inter alias *suorum principatuum* praerogatiuas hoc insigne ius habeat ab antiquo, quod vacante Imperio principatus, terras, possessiones et alia iura Imperii custodire debeat, et sinceritate debita conseruare, quousque Romano Imperio de principe sit prouisum per eos, vel maiorem partem eorum, ad quos prouisio huiusmodi noscitur pertinere. Unter den principatibus sind Pfalz und Baiern begriffen.

Pfalzgraf Ludwigs Tochter, die Prinzeßinn Mechthild, ward 1287 an den Herzog Otto den Kühnen von Braunschweig und Lüneburg verlobt. Sie that gegen ihre Brüder auf alles Väterliche und Mütterliche Erbe Verzicht, behielt sich aber auf den Kinder=

---

u) Decret. ap. *Leibnit.* in Mantissa Cod. dipl Iur. gent. P. II. p. 102. Quum Ludouicus Comes Palatinus Rheni — hoc insigne ius habeat ab antiquo, quod vacante imperio, principatus, terras, possessiones et alia iura custodire debeat — Innitentes ei tanquam Rectori et Gubernatori Sacri Imperii.

Kinderlosen Abgang derselben alles bevor, was ihr neben den Schwestern erblich anfallen möchte. v) Es ist dieses der erste Fräuleinverzicht in Baiern, den ich kenne, und Einer von der großen Menge, die Bostell w) nicht gesehen hat. Er enthält schon den berüchtigten Vorbehalt. Mithin ist der Oesterreichische Vertrag von 1332 ebenfalls nicht der erste, worinn des Vorbehalts gedacht wird, wie Bostell x) und Pütter y) meinen. Ueberhaupt hat der Erstere nichts anders gethan, als daß er die Renunciations-Urkunden wiederum zusammenhäufte, die schon Schilter, Kopp, Cramer, Gundling, Senkenberg ꝛc. gesammelt hatten, und scheint eben keinen sehr großen Theil der Lobsprüche verdient zu haben, die ihm der Letztere giebt.

Urkun-

v) Ap. *Scheids* in praefat. Origin. Quelficar. T. III. p. 71. et quod inter nos vtrinque contracto et consummato iuramento efficaciter ordinemus et procuremus omnimodo, quod ipsa sponsa nostra, postquam se in terra nostra et domo receperit, cedat et renunciet omnibus, que possent ad eam ex successione paterna et materna iure hereditario deuenire, nisi forte, quod absit, affinibus nostris karissimis fratribus suis, qui iam sunt vel fuerint, non extantibus et sine liberis defunctis aliquid ad eam iure successionis contingeret deuolui, quo casu cum aliis sororibus eius equam percipiat portionem.

Vergl. *Ladislai Sunth* Fam. Ducum Bauariae T. II. p. 575. und Specim. dipl. Baioar. p. 117.

w) De origine renunciationum filiarum ill. ex dipl. medii aeui eruta; in Adpend.

x) Cit. l. n. 13. p. 4.

y) In primis lineis Iur. princip. priu. p. 96.

# Urkundenbuch.

# I.

## Vertrag zwischen Bischof Leo von Regenspurg und Pfalzgraf Ludwig dem Strengen.

### 1272.
### aus Schublade, No. 12912.

Nos Leo miseratione Divina Ratisponensis Epischopus universis presentes litteras inspecturis volumus esse notum, quod cum inter nos et Ecclesiam nostram ac Ministeriales nostros ex una parte et Dominum Ludwicum illustrum Palatinum Comitem Rheni Ducem Bawariæ nostrum Comparem predictum et Ministeriales suos ex altera, Dudum fuisse exorta Materia questionis super diversis rapinis incendiis capturationibus depeccuniationibus injuriis et Damnis aliis hinc inde commissis tandem omnium consilio et assensu in arbitros fuit compromissum fide præstita hinc et inde, videlicet ex parte nostra indilectum in Christo fratrem Ulricum de Dormberg nostrum vice Dominum, prepositum spaltensem, Conradum de Erenfels et Baltwinum de Barberch Ecclesiæ nostræ Ministeriales. ex parte vero Domini Ludwici Ducis in Winhardum de Rorbach Henricum de Prisingen Camerarium, et Wichnandum vice Dominum et si prædicti arbitri non possent in arbitro concordare, nos et prædictus Dominus Dux mediatorem elegimus, qui überman vulgariter nominatur virum discretum Gebhardum de Velboh Ministerialem

lem noftrum ut in quamcunque partem jdem Gebhardus per fe vel cum aliis determinaret, quod ipfe ftatueret, ratum effet et Deinceps a partibus inviolabiliter ferveretur. qui tandem funt concorditer arbitrati, quod incendia rapine capturationes depeccuniationes injurie et Damna quocunque Nomine cenfeantur, hinc inde contracta vel etiam perpetrata fint abollita et remiffa utrinque fimpliciter et precife et utrique noftrum nos videlicet et Dominus Dux prefatus compenfabimus noftris Minifterialibus et fervitoribus predicta dampna ubicunque et quocunque modo acciderint inter nos et noftros. de Chunrado de Hochenvels pronunciaverunt fpecialiter arbitrando, quod ipfe et nihilominus alij Minifteriales Ratisponenfis Ecclefiæ fatisfaciant per juftitiam vel amorem coram nobis, Monafteriis in Wallerbach et in Richenbach et aliis Ecclefiis que fuper dampnis et jnuriis illatis ipfis moverint queftionem. fi vero nos a Prelatis Ecclefiarum offenfarum deliberatione pervia fuerimus requifiti et eiisdem amicabilem compofitionem vel juftitiam facere diftulerimus fine caufa rationabili retrorfum habebunt Prælati huiusmodi ad feptem arbitros eligendos, quorum tres a Prælato qui queftionem moverit eligentur et tres alij a Hochenvelfario vel a Minifteriali alio, qui conventus fuerit affumentur, et procurator vel judex, in cuius diftrictu movetur queftio, bona fide fine captione qualibet una cum procuratore vel Judice Minifterialis qui convenitur, mediatore eliget pro feptimo, qui überman vulgariter nominatur et quid predicti VII vel Maior pars ex ipfis ftatuerint arbitrando, judicando fententiando vel componendo amicabiliter a partibus inviolabilabiliter obfervetur, et hoc utrinque tam ex parte noftra quam etiam Minifterialium noftrorum quam dicti Domini Ducis et fuorum Minifterialium fervabitur equa lance. fuerit etiam arbitrorum prudenti confilio arbitratum, quod nos et Dominus Dux fex arbitros eligemus, nos tres videlicet ex parte noftra et noftrorum et jdem Dux ex parte fua et fuorum tres a partibus litigantibus nominandos in noftris et Domini Ducis diftrictibus, qui fuper queftionibus exortis deinceps hinc et inde arbitrabuntur compofitione amicabili vel fententia quam fecundum Deum et juftitiam viderint expedire: et fi praedicti fex negaverint concordare in Montanis eligent feptimum Gebhardum de Velwen et Cunradum de Haflange circa montes vero circa Enum usque ad Jferam Henricus de Prifingen et Ulricus de Pinechofen nofter vice Dominus, ultra Jfaram et circa Danubium et ultra in Norico et alibi. ubicunque dictus fidelis nofter Ch. de Erenvels et W. vice Dominus mediatorem pro feptimo deputabit et quid a maiori parte Dictorum VII judicio arbitro vel compofitione amicabili ftatuetur hoc Partes firmiter obfervabunt, five fuper praedictorum proprietatibus, feudis, judiciis diftrictibus terminis, et juftis debitis vel quibuscunque aliis queftio fuerit fufcitata. fuit Etiam a praedictis arbitris arbitratum quod Dominus Dux fatisfaciat. G. de Hochenvels de pecunia quam fibi dicitur promififfe H. de Prifingen et W. vice Domino fuper hoc fide jufforibus deputatis et C. de Hochenvels adimplebit fideliter cum effectu quicunque Domino Duci pro pulicita fibi pecunia repromifit et hoc fecundum fententiam vel compofitionem amicabilem ad effectum

Debi-

Debitum perducetur ex utraque parte secundum sententiam vel arbitrium VI. arbitrorum trium ex parte Domini Ducis per ipsum Ducem vel W. vice Dominum et trium ex parte C. de Hochenvels Electorum et per mediatorem pro septimo per C. de Erenvels et Dictum W. vice Dominum deputatum quorum etiam VII. arbitrorum vel Maioris partis arbitro stabitur in hac parte.

adjectum est etiam ab arbitris arbitrando quod neuter nostrum nos videlicet et Dominus Dux predictus in sua recipiat Miinisteriales vel homines alterius in futurum et recepti usque ad Octavas pendecostes proximas sicut hactenus remanebunt et ex tunc se quocunque volverint, tranferant liberati et finaliter absoluti ab omnibus laudamentis promissis fideiussionibus et cautionibus quibuscunque factis eorum preceptoribus super Matrimoniis contrachendis vel quibuscunque causis aliis ipso facto et super hiis que in prætracto comisserunt nostram et Domini Ducis gratiam deinceps habebunt ita quod occasione transitus ab uno Domino ad alterum ab ambobus Dominis nullum eis Damnum sive Dispendium generetur. adjectum est Etiam ab arbitris ad cautellam, ut quicunque de nostris vel Domini Ducis Ministerialibus vel servitoribus Electorum arbitrorum ordinationi non steterint, prout superius est Expressum per nos et Dominum Ducem ad observationem ordinationis arbitrorum efficaciter compellatur et nos in hac parte mutuo nobis cooperabimur sine qualibet cautione.

fuit etiam arbitratum, ut si nos vel Ministeriales nostri vel Dominus Dux aut Ministeriales sui Mercatores vel rusticos censuales vel alios homines, qui Millitaris conditionis non extiterint in noftris Munitionibus vel pofeffionibus habeamus, revocentur ad fuum Dominum per formam arbitrij fuperius iam expreffum alioquin in loco fuo prout fuerunt hactenus, remanebunt. arbitrati funt etiam arbitri conftituti quod ad confervandam amicitie unionem quod nec noftri vel DominiDucis ratione vel Miinifterialium aut fervitorum noftrorum quisquam impignorabitur vel captivabitur vel alias detinebitur fi nos vel Dominus Dux vel procutores noftri fuperius Nominati, prout requirit diftrituum vel judiciorum diverfitas, fuerimus cum Maturitate debita requifiti, etiam fi iuxta formam conftitutam conquerentibus fatisfactum non fuerit actor fuam juftitiam perfequatur, ubi viderit expedire. adiectum eft etiam ab arbitris pro noftra et Domini Ducis familia propaganda et jure Mutuo confervando, quod, quiscunque Minifterialium noftrorum vel Domini Ducis Matrimonium hactenus contraxerunt, vel contraxerint in futurum, fenior filius vel filia conditionem Patris fequatur, et alij inter nos et noftram Ecclefiam et Dominum Ducem dividantur equaliter infra annum. ordinatum eft Etiam ab arbitris fepefatis pro juftitia debita confervanda, quod nullus nos et noftros homines, noftras et hominum noftrorum poffefiones vel jura impetat in judicio vel contra judicium feu perturbet ex quacunque caufa, vel Dominum Ducem vel Minifteriales fuos aut fervitores et poffeffiones et jura eorundem, non nos fi noftri vel Ducis copia habere comode poterit vel noftri procuratores juxta formam fuperius tractatam fuerimus requifiti et juftitiam conquerenti denegaverimus indifcrete. et ut ut nichil pretermitterent arbitri fepefati quod poffet mutuam concordiam impedire ſtatuerunt firmiter obſervari formam que nobis et noſtris Miniſterialibus et fervitoribus et Domino Duci et ſuis rationabiliter eſt præſcribta, ut in hominibus Miniſterialium et fervitorum utriusque partis equaliter obſervetur, captivi etiam ex utraque parte detenti indempnes omnimodis abſolventur. ſunt etiam predicto arbitrio ſpecialiter intercluſi videlicet Domini Ducis Miniſteriales ſeu etiam ſervitores Winhardus de Rorbach Chunradus de Camerer Henricus de Priſingen Henricus ſenior de Wildenſtein cum filiis ſuis Diterico et Henrico Hermanus de Lichtenberch Eberhardus et Walchherus de curia, Carulus et Ditricus de Somelingen Perchtoldus de Ettenhart Kahwinus et Ruttlandus fratres de Valchenſtein Ditricus cum filiis ſuis de Peilſtein Chonradus Haimſacherer. at ex parte noſtra Miniſteriales et ſervitores Woltwinus de Barbingen et filii ſui, Alhardus et Albertus de Sulberg, Alramus ſenior et Alramus filius ſuus de Hofdorf, Henricus de Pfaffenſwant Chunradus de Somelingen et Fridericus de Donhuſen et quicunque alii ubicunque et quocunque nomine conſeantur de parte amborum noſtrorum. ſed quia ſex arbitri et a nobis et Domino Duce deputati ſuper caſtris advocaciis et poſſeſſionibus videlicet Rorbach Smidmullen, Liechtenberg, Abteſtait. feudis Liutzmani et Hochenſteinnari et que Henricus de Prandenberch in montanis noſcitur obtinere et de quibus nos Domino Duci movimus queſtionem non poterant dicti arbitri concordare de ipſis ſicut ex poteſtate ſibi tradita potuit, G. de Velwen ſuperius nominatus eſt taliter arbitratus,

tratus. quod nos infeudaremus Dominum Ducem sepius nominatum de castro Liechtenberck de Advocatia in Abtsraut de Liutzmani et Hochensteinsrij feudis et de hiis qui titulo feudi Henricus de Prandenberch in montanis noscitur hactenus tenuisse cum pertinentiis omnium predictorum. arbitratus est etiam G. predictus, quod Dictus Dux proprietatem oppiti Smidmulln et curtie Gostorf cum suis pertinentiis daret Ratisponensi Ecclesie et a nobis reciperet titulo feudali predicta bona omnia cum aliis ibidem de quibus nos moveramus dicto Domino Duci questionem.

Nos vero de predictis omnibus que in arbitro G. de Velwen superius continentur ipsum Ducem infeudavimus presentibus testibus infra scriptis. fuit etiam adjectum in arbitro G. de Velwen quod Dux nobis et Ecclesie nostre tractaret proprietatem Rorbach cum pertinentiis suis, sicut ea Marchio de Hockenburg noscitur tenuisse, ita quod deinceps non per nos nec per successores nostros vel quoscunque alios ibidem munitio aliqua construatur, et si quid forte de eiisdem possessionibus ex parte Ducis vel suorum est alienatum vel etiam obligatum, post mortem Marchionis nobis debet plenarie resarciri et absolvi nihilominus obligata. et Dominus Dux renunciavit actioni quam super duabus carratis vini latini dicti Palmelnich habuit contra nos et Ecclesiam nostram et ipse sicut in G. de Velwen arbitro continetur traditionem huiusmodi adimplevit et renunciationem fecit cum solemnitate debita que consevit in talibus, pronunciavit nihilominus. G. de Velwen arbiter sepedictus, quod nos vel Epischopus, qui pro tempore fuerit, infeudabimus Dominum Ducem de feudis proxime vacatoris ad reditus XV, liberarum Ratisponensis Monnete, ubicunque vacare ceperint Ratisponne Ecclesie, dum tamen per ipsum vel heredes suos fuerint acceptata. Nec infeudabimus aliquem de feudis ex nunc nobis et Ecclesie nostre vacaturis, quousque sibi vel heredibus suis de redditibus suis XV. lb. fuerit satisfactum, ad quod etiam antecessores nostri et Ecclesia nostra ex antiqua compositione specialiter tenebantur. si vero Domino Duci oblata fuerint feuda vacantia in futurum per nos et ipse Dux oblata huiusmodi non duxerit acceptare, ea cui voluimus, conferemus; et per refutationem huiusmodi nullum ei prejudicium generabitur in feudis vacantibus in futurum. declaratum est Etiam circa hunc articulum per dictum arbitrum ad cautellam, quod de feudis que in hofmarchiis vel locis munitis vel Burchstallis nobis et Ecclesie nostre vacare ceperint, nos vel successores nostri infeudare Dominum Ducem aliquatenus non tenemur nisi de nostra vel successorum nostrorum fuerit voluntate, In testimonium Omnium predictorum presentes litteras hinc inde confici placuit et sigillorum nostrorum munimine roborari testibus, qui presentes fuerunt, nihilominus subnotatis, et sunt hic Gebhardus comes de Hirzberch, Fridericus Burggrafius de Nurenberch, Rapotto et Diepoldus comites de Ordenberch Chunradus de Hochenfels Henricus de Pergen Chunradus de Camerer Chunradus de Paulstorf, Chunradus de Parthsperch Albertus Schilhwatz Fridericus de Puech, Reibinus de Valchensteinen, Hugo inter latinos Sigehardus de Eglofsheim Henricus de Wildenstein et Ditiricus eus filius suus, Ulricus Marſcallcus de Perge, Henricus de Sahſenhuſen et alii quam plures. Actum et Datum Ratiſponne anno Domini M.CC.L et. ſecundo VII jdus Februari.

(A. S.)
Sigillum Ludovici ex integro illæſum ex Serico rubro dependens.

(A. S)
Epiſcopale oblongum eodem ex Serico dependens.

## II.
Der Gebrüder Ludwigs und Heinrichs beliebtes gemeinſchaftliches Einlager zu Hebung ihrer Streitigkeiten.

1 2 7 4.
92. Schublade No. 6495.

Nos Heinricus et Ludovicus Dei gratia Comites Palatini Reni Duces Bavariæ, per preſentia declaramus, quod tractatibus inter nos mutuo habitis, in craſtino beati Thome Apoſtoli Ratiſpone ſuper variis cauſis, et precipue ſuper Damnis mutuo utriusque hominibus illatis, tandem talis inter nos ſuper univerſis Damnis ſeu gravaminibus ex utraque parte a colloquio habito Ratiſpone circa Dies Rogationum eiusdem anni perpeſſis ordinatio intereeſſit. Quod ſex nobiles ſeu Miniſteriales ex parte fratris noſtri pro Damno noſtro apud Monachium prope yſeram in feſto purificationis beate Marie Virginis in obſtagio ſe reciperent, et ſex de parte noſtra eodem tempore pro Damnis fratri noſtro il-

latis

latis apud Lantshuto, nunquam a predictis opidis seu civitatibus exituri. donec plenarie de Damnis ante Purificationem probatis coram nobis ambobus, vel altero noftrum, offenfe parti fuerit fatisfactum, recipierunt fiquidem ex parte noftra in fepedictum obftagium Albertus de Halfe, Ulricus de Abenfperch, Heinricus de Rorbach. Receperunt etiam ex parte fratris noftri in fe predictum obftagium. Otto de Lapide, Winhardus de Rorbach, Heinricus de Preifingen, procurabit etiam ipfe frater nofter quod tres ex fubfcriptis quinque, videlicet Albero de Prukperch, Hermanus de Haginberch, vel Otto de Pairbrune, Eberhardus de Porta vel Wichnandus de Jrinfpurch in predicto tempore et loco, et fupratactis ordinationibus in fe recipierunt obftagium memoratum. Et nos procurabimus fimiliter, quod tres ex fubfcriptis quinque fcilicet Chunradus comes de Mofpurch, vel Ortliebus de Walde. Alhardus de Frauenhoven, Bertholdus de Frauenberch, vel Wimarus Afinus in predicto, fimiliter termino et loco et fupratactis ordinationibus in fe recipierunt obftagium memoratum, Item qui iam in fe receperunt obftagium ex utraque parte proteftati funt, quod obligationi feu promiffioni obftagij non tenebuntur, fi premiffi ex utraque parte tres ex quinque eligendis ab alterutra partium obftagium quemadmodum promiffum extitit non intrabunt. Item neuter partium tenebitur ad aliquam fasisfactionem Damnorum, qui ante feftum predicte Purificationis proxime, quam formam privilegij inter Nos iam dudum concepti non fuerint approbata. Ceterum Winhardo de Rorbach ex gratia conceffimus fpeciali, ut ipfe non apud Monachi nachium sed apud Jngolstat in obstagio in predicto festo se recipere debeat. et tunc tandem, quando ab obstagio, quod circa idem tempus ex aliis causis apud Augustam persolvere habuerit, vel pro tempore induciatus fuerit, vel in totum fuerit absolutus tunc sine Mortificatione vel vocatione qualibet apud Jngolstat nostrum obstagium subintrabit. Jtem si alia partium predictorum Ministerialium se absentaverit, nihilominus pars presens probationes damnorum audiet. et firmitatem iuris tanquam utraque parte presente facta fuerit, talis auditio obtinebit. Datum Ratispone Ao. Dni 1274. et Kal. Januarij.

(S. A.)

## III.

Herzog Heinrichs von Baiern Sünbrief für seinen Bruder.

1 2 7 4.

92. Schublade. No. 6514.
— 6488.

Nos Henricus Dei gratia Comes Palatinus Reni Dux Bavarie presentibus protestamur, quod inter Karissimum fratrem nostrum L. Comitem Palatinum Reni Ducem Bawarie et homines suos ex una parte et nos et homines nostros ex parte altera diversis subortis questionibus, eedem per nobiles viros Fridericum comitem de Truchending et Gotfridum de Prunecke et Volkmarum de Chemnaten ac alios fideles nostros sub hac forma ad compositionem

tionem seu concordiam amicabilem sunt deducte, videlicet quod Chunradus de Luckpurch ex parte una pro CCC Lib. Den. et ex parte altera Alhardus de Saulberch pro CC Lib. Den. a sue captivitatis vinculis absolventur. fiet etiam fratri nostro et Ulrico Marschalco suo ac aliis hominibus suis. de Alhardo de Saulberch et nobis ac fideli nostro Ulrico de Abensperch ac ceteris hominibus nostris de predicto Luckkpurchgario cautio sufficiens, ab ipsis ac ipsorum amicis pro perpetua concordia observanda, Jtem sententiatum fuit, per consules utriusque Partis videlicet pro parte nostra Grimoldum de Prising, Ortlibum de Wald, Henricum de Mosdorf et Ottonem de Strubing, pro parte vero fratris nostri. Alberonem de Pruckberch, Hermanum de Hagenberch, Winhardum de Rorbach, Wichnandum de Eirinspurch quod frater noster nobis iniuriatus fuerit *in Moneta, quam fabricaverat apud Amberch.* Jtem *statutum* fuit secundum pacta laudamenti prestiti inter nos et fratrem nostrum in festo sancte Agnetis transacto, ut utrimque captivi antea vel postmodum captivati aut laudamentis vel fideiussionibus obligati, sine damno penitus absolvantur. preter quod de compositione pacis, quam ad invicem promiserunt perpetuo observanda illo etiam nominatim conditionis adhibito moderamine, de factis Graflini et Pesingerij civium Chambensium ut videlicet Graflinus pro sorte ct. Librarum a fratribus de Dahshular ex nunc per ipsum fratrem nostrum sine damno quolibet absolvatur et de Damno supra civium, quod accreverat xl. libre sibi usque ad festum beati Michaelis proximum persolvantur. de Pesingerij vero sorte tres etiam

Ratis-

Ratisponenses per et. Lib. Den. absolventur ex nunc absque omni Damno, et usque ad festum beati Bartholomei. LVIII. lb. sumptuum, que accreverant dabuntur eidem induciis per fratrem nostrum sine Damno Pesingerij procurandis. Jtem O. de Lapide a Laudamento nobis pro Damno in Pefenhausen facto erit penitus absolutus et castrum Eschelbach, quod iam frater noster munire ceperat, restituetur Heredibus sine mora de Damno vero spoliorum et incendiorum datis hinc inde actenus usque modo, mutua compensatione sublatis, utrinque talium Damnorum Auctores aut cooperatores tam nostre quam fratris nostri gratie sunt restituti, et uterque nostrum de hiis homines suos aut servitores indempnes faciet pro sue Beneplacito voluntatis de hiis vero, que facta sunt durante placito inter nos apud Harlant inchoato et Ratispone finito, dati sunt fideiussores ex parte fratris nostri Chunradus de Parsperch et Dietricus de Wildenstagn ex parte nostra Ulricus de Ekkenmul Rubertus Judex de Haydau, qui a proximi secunda feria ad tres septimanas Ratispone convenient, nunquam abinde ante satisfactionem plenariam exituti. Satisfacient autem in hanc formam quicunque pro rapina incendio vel eadem simili impetitus fuerit, reus juramento suo ac aliorum duorum, qui nec maleficio interfuerunt, nec maleficiorum titulo servitutis attinent, et bone fame ac opinionis exiftant, se debeat expurgare, quod si talis raptor vel invasor non fecerit, actor eum cum duobus aliis bene estimationis viri, nec sibi servili conditione obnoxiis nec Damnum perpessum participantibus, illatum ei Damnum et iniuriam conprobabit de actionibus vero feodorum

ac

at proprietatum et debitorum emerfis neutra pars, quicunque violenter attemptabit fed juftitia petetur a Dominis vel judicibus conpetentibus, que fine difpendio et prorogatione captiofa exhibebitur, dum fuerit requifita. De Poffeffionibus vero quondam Brandenburgarij ordinatum eft ita, ut pro parte predicti fratris noftri Al. de Prukperch et Wich. de Frinsperch ex parte vero noftra G. de Prifing et Ort. de Wald accedere debeant, principaliter feria fecunda poft octavam Pentecoftis viciniam ipfam circa Brandenburch et inquifitione prehabita diligenti de confilio vicinorum, fi quid inter nos amicabile fuper eisdem bonis concorditer diffinire poterunt, ratum tenebimus et acceptum, fi vero viam amicabilem non invenerint, extunc affumptis quatuor aliis, videlicet ex parte fratris noftri. H. de Hagenberch et Wi. de Rorbach, ex parte vero noftra Al. de Hals et Ul. de Abensberch, vel in locum abfentis altero vocato, de familia fui Domini fide digno, qui infpecto ftatu et qualitate iuris quomodo ad prefens dona eadem confiftant ipfam queftionem per Juftitiam Terminabunt, usque ad feftum beati Michaelis proximo adventum et fimiliter de queftionibus proprietatum et feodorum mutuo Juftitiam exhibebimus Termino prenotato mediantibus Diffinitoribus antedictis, et fi predicti Diffinitores non poterunt concordare advocabunt communem mediatorem in quem convenire poterunt ut fic per maiorem partem, quod iuftum fuerit determinatur; Predictis etiam tractatibus eft annexum, ut utrique noftrum fervitores cuiuscunque conditionis, quos habere ad prefens dinoscitur abfque Impedimento alterius ufque ad proximum

mum feftum Pentecoftes, et abinde per annum habere debeat nec attrahere fibi quenquam de parte altera medio tempore fervitore, nec offendere quocunque Præiudicio five Damno ftatutum eft etiam pro tempore Termini prenotati ut ftricte publice non per occupationem pignorum nec fpoliorum vel alio quocunque modo per nos vel noftros debeant impediri. Jtem fi quis prior in predicto Termino non petita prius Juftitia propria temeritate bona vel homines alterius invaferit, et fic alterum ad ulcionem provocaverit, qui taliter fuerit provocatus non tenebitur fatisfactionem, que vice illa fibi per eundem fuum adverfarium fuerit irrogata et nihilominus tenebitur ad emendam. Et fi alicui homini noftrorum adverfus alterum actio cuiuscunque conpetit. fuper ea tenebitur uterque noftrum Jus reddere gratiofum. Jtem ftatutum fuit, ut quodcunque ex attinentiis parti uni, parti alteri Damnum fecerit Dominus fuus predonem vel quemcunque malefactorem compellat malleficia emendare vel fatisfacere tenebitur pro eodem. fidelis fratris nofter Ul. de Abensperch et fidelis fratris nofter de Otlingen plenam et firmam inter fe tenebunt concordiam pro damnis que fibi invicem intulerunt, falva predicto Ul. de Abensperch actione fuper Damnis que fibi Dominus de Otling ad munitiones Domini Epifcopi Eyftetenfis intulit remanente, que fimiliter actio Damnorum falva erit. Heinricus de Rorbach contra prefatum Epifcopum Eyftetenfem fine omni prejudicio Heinr. de Otling memorati. Jn cuius rei Teftimonium prefentem literam figilli noftri robore iuffimus comuniri. datum

tum et actum Ratispone ao. Domini M.° cc lxx iiij iij. Jdus Maij.

(S. A.)
Sigillum ducale confervatum.

## IV.

Refcriptum Rudolphi Rom. Regis ad Henricum Ducem Bavariae ex Cod. Rudolph. Auguft. Bibl. Cæfar. Vindob. inter MlT. Cod. Lat. Jur. Civ. n. LXXVI.

1 2 7 5.

Quod folitæ tibi falutationis forma ex Regiæ prodiens affabulationis benevolentia non dirigitur, fi in tui armario pectoris indite tibi discretionis thefauros aequa lance, juftique penfam judicii librare volueris, ratio minime naturalis fluctuat, tuis remurmurans actibus, quam ob caufam, quod aliis fcribitur, tibi digne fubtrahitur, nullatenus admiratur. Ecce enim, Princeps Jnclyte, quod ob tui obferuationem ftatus boni ad reformanda inter te et fratrem tuum Ludovicum, folidæ pacis fœdera jam pridem non fine magnis expenfis partes noftras interpofuimus fide bona; tu autem quorundam, non tua, fed fua potius quærentium confiliis acquiefcens, in tui fratris exterminium; et fi bene deliberaveris, in tui ipfius tuorumque (ne millum dicamus) non magnum profectum dicti fratris tui territoria demoliri niteris; affociato tibi hoſte ſacri Jmperii H. et aliis ſuis complicibus incendiis et rapinis; et quod plus eſt non ſolum Princeps Jmperii fidelis violenter invaditur, verum etiam ipſum Jmperium in ſuis propriis diſtrictibus hoſtiliter impugnatur. Attende itaque, Jlluſtris Dux et conſidera, volve et revolve in te ipſo, diligens ſis ſcrutator in habitaculo cordis tui, qualiter Jmperium tibi, et tu Jmperio; ſitis inuicem colligati, *et te umbra tranſiens non alliciat; non illaqueet et momentaneum non delectet.* Vt autem evidenter poſſis intelligere, qualiter quidam in tui diminutionem ſtatus circumuenire te hactenus ſunt conati; *baculum Regis Caſtellæ ad te ſuſtentandum tibi harundineum prætendentes;* noluimus amplius te latere, quod dictus Rex omni iuri, actioni et quæſtioni, quam ſibi in Jmperio competere aſſerebat; in manibus ſummi Pontificis ſimpliciter renuntiauit, et ex toto Jmperiali dignitati, quam hucusque Sibi illicite adſcribebat, nomine ac re ceſſit, nobis tanquam vero Romanorum Regi, quidquid hucusque ſibi iuris in Jmperio vendicavit, liberaliter reſignando.

Unde tibi Regali clementia conſulimus, quatenus motus tuos temperans et refrænans Regiis te beneplacitis habiles et coaptes; ſic in agendis omnibus finem proſpicias, quod ſacrum Jmperium *te ſuum Principem ſemper habere delectet membrum nobile et tu ipſius Jmperii columna nobilis realiter, non verbaliter, Celſitudinis Jmperatoriæ videaris ſolium ſolide ſuſtentare.* Et licet alias incaſſum noſtras injeceremus operas, ut cum fratre tuo prædicto reduci poſſis ad fraternæ concordiam unionis;

non piget tamen adhuc dummodo tempestive acquiescere volueris, ad concordandum vos omnem adhibere sollicitudinem et laborem.

Cæterum cum Rex Bohemorum manifestus sit hostis Jmperii et in proscriptione Regia perseuerat, tibi firmiter et Jmperialis gratiæ præcipimus sub obtentu, quatenus ad concordandum *N. cum ipso N.* *(Scil. Ottocarum Bohemiæ Regem cum Stephano Hungariæ rege)* te nullatenus intromittas, quia huiusmodi concordia videtur in conspirationem contra nos et sacrum Jmperium manifestius aspirare. Alioquin, si contra inhibitionem nostram concordare dictos Reges aliqualiter attemptares, hostes et inimicis nostris fauere luce clarius, videretis, nosque amodo te tanquam fidelem Principem sacri Jmperii promouere et diligere non possemus.

## V.

### Rescriptum Rudolphi Rom. Regis ad Henricum Bavarum.

**1 2 7 6.**
Ex eod. Ms. Cod.

Quod regalium litterarum emissio, quarum alloquio te pridem fuimus aggressi gratioso salutationis schemate carens, sensit apocopationis occasum; hoc fuit procul dubio occasio, et id erat causa, quod inclyto fratri tuo *N. (Ludovico)* non absque nostra et Jmperii tæsione dirissima visus es hacte-

hactenus quadam obstinata duritia in fraternae legis dispendium malum tam intolerabile machinari:

Non enim decuit benevolentiam nostram nos litteratorie tibi praetendere, dum intenderemus eidem filio nostro, ut oportebat, contra te, ipsius iura calumniosis insultibus impugnantem debitae oppositionis adstare clypeo ex aduerso. Verum quia, sicut nuper Ven. N. (Leoni) Episcopo Ratisponensi gratanter nobis insinuante didicimus, tua quod praecordia visitata spiritus fervore Paracleti, pristino mitigato rancore ac intumescentiae impetu temperato ad bonum concordiae conspirent; magnificat anima nostra Dominum, qui tibi dedit, ut speramus, quid saluti tuae expediat, quid honori; cum sit turpe nimis, plenumque periculis odiosis lethale ferrum in viscera propria contorquere. Idcirco, si scriptis opera compensentur, in gratiae nostrae te plenitudinem colligentes, synceritatem tuam hortamur attentius et rogamus, quatenus propter Deum et tuae felicitatis augmentum, nec non ob generale totius prouinciae commodum, collocata prae oculis, quanta pernicies ex hac scissura domestica prouenerit reipublicae turbatrice, et adhuc major verisimiliter poterit pullulare; animum tuum ad indissociabile pacis perpetuae ex innata tibi modestia studeas efficaciter inclinare, cum ipso germano tuo te patiens amicabili foedere conueniri. Alias enim dissimulare non possumus nec debemus, quin fratri tuo praedicto, qui nobis est funiculi duplicis ligatura conjunctus, praesertim cum apud te facturum se offerat, quidquid debet, et propulsandos violentos et voluntarios motus tuos viriliter assistamus:

## VI.
**Lehensrevers Hermanns von Staufe.**

1 2 7 6.

343 Schublade, No. 22439.

Ego Hermanus de Staufe notum facio univerſis præſentem Litteram inſpecturis quod data fide in manus Domini mei illuſtris Ludwici comitis Palatini Rheni Ducis Bavariæ et juramento corporali nihilominus proſecuto ad hoc fideliter, me aſtrinxi, quod ſi caſtrum meum Staufe quod a prædicto Domino meo teneo titulo feodali vendere ſeu alienare pro aliquibus meis neceſſitatibus me continget, Id ipſum Domino meo ſeu pueris ſuis vendam, Dummodo a me requiſitus, ea michi perſolvat, que michi alter perſolveret, volens emere idem caſtrum, et hoc facere teneor prolatis fraudibus atque dolo et ſine qualibet captione: ſub Debito quoque prædicti juramenti me aſtrinxi et aſtringo, quod cum pueris meis, qui pridem Dominum meum Titulo miniſterjalatus reſpicere innoſcuntur nullos contractus contrahere Debeo, extra ſuam Poteſtatem, ſine prædicti Domini mei voluntatem pariter et conſenſu, quos utique contractus prefatus Dominus meus ad conſilium virorum diſcretorum amicorum meorum Ulderici de Ramerberg, Arnoldi de Strazze et Ulricidi de Salzburg. quicunque per me requiſitus fuerit infra annum a tempore requiſitionis conputandum tenebitur conſummare et ſi prædicti tres omnes intereſſe non potuerint, nihilominus tam ad conſilium Duorum ex ipſis vel unius michi eosdem contractus tenebitur terminari, quo anno tranſacto ſi prædictus Contractus

non fuerit confumatus accedam fepedictum Domi-
num meum et Inducias eidem trium menfium fu-
peraddam; in quibus fi dictus contractus non fue-
rit expeditus pro confilio Prædictorum amicorum me-
orum ex tunc ab promiffo de puero de quo contractus
haberi debuit et non de aliis finito anno et tribus
menfibus, ero liber penitus et folutus ad certitudi-
nem et me fidei et Devotionis pro præfato juramento
me obligo ad cautellam quod a fervicio Domini mei
fepedicti et puerorum fuorum me nunquam alienabo
fed ipfi et pueris fuis tanquam alter minifterialium
eorum nullo prorfus excepto pro tempore vitæ meæ
teneor fideliter confilio et auxilio adherere, fed
fi fecus per me fieret in aliquo prædictorum, præ-
dictum caftrum meum Staufe ad præfatum Domi-
nium meum et pueros fuos libere devolvetur,
et ex tunc fi in prædictis exceffero omni juri
renuncio quod michi competit in eodem. in cuius
rei teftimonium et pleni roboris firmitatem præ-
fentem litteram figillo Serenif Domini mei Rudol-
fi incliti Romanorum Regis femper Augufti Domi-
ni Friderici viri nobilis Burggraffij de Nurrenberg
et meo roboravi. actum et datum Nurrenberg an.
Domini 1276. VII. jdus Febr.

(A. S.)   (A. S.)   (A. S.)

Sigillum Hermanni de Stauffen.
Ein geschlossener Helm mit zween Hörnern.

## VII.

**Hauptvertrag zwischen den Gebrüdern Ludwig und Heinrich Pfalzgrafen am Rhein und Herzogen in Baiern.**

1276.
343. Schublade. No. 12439.

Wir Ludwig, und Heinrich von Gottes Genaden Pfallenzgrafen bey Rhein, Herzogen in Bajern thun kundt männiglich gegenwärtigen und künftigen zu ewiger Gedächtnus durch nachfolgend Schriften. Der Beschafer menschlichs Geschlechts hätt in anfänglicher Verordnung seiner Beschafung, Formirung und Aussatzung ainen ansehen Menschen formirt, aber darnach durch den Fall aus Rathe des Teufels der Mensch in mangerley Gebrechlichkeit und Beschwarungen sich verwickelt, die Unschuld und Ansiehenheit, aus göttlichen Geist ihm eingeben, durch unfugsamm Wege mißbraucht. Wellichs dann in den Persohnen der ersten zwen Brüder Keyn und Abel ganz eigentlich erwachsen je seyn gelesen wird. Daß zu lest in den nachkommenden Persohnen ain kläglich oder bewainlich Mehrung empfangen. Und allain der Engl des großen Raths seiner höchsten guetigen Senftmutigkeit durch die Palken der Lieb, die er aus ihm selbs überscheinperlich, wie man list, erzaigt hat, zu Hielf kommen wäre, so hätt das menschlich Geschlecht ohn Unterlaß für und für aneinander mit fast schäblichen Aufruren bemailigt. Daß auch viel aigentlichen abgenohmen wirdet, Aus den Beschwerungen und Mißhelungen die unter uns obgenannten Fürsten lang Zeit here haben gegrünet, doch zu lest durch Vermit=

mitlung des aingebohrnen Gottes Sun, von dem alles Guet zukommet, kein Zweifel ist, die Verainigung brüderlicher lieb durch mittl hailsamer Hilf zwischen unser widerbracht.

Darauf von uns dann auf mittl Persohn Schidrichter oder gütlich Unterteidungen und Rathgeben verraint, nämlich auf den ehrwürdigen Herrn Laonen Bischofen zu Regensp. den Eblen Mann Friderichen Burggrafen von Nürnberg als für gemain verordent Mitler.

Und auf unser H. Ludwigs Tail in den eblen Mann Ottonen von Stain, und unser getreu Heinrichen von Preising.

Conraden von Ehrenvels.

Wichnanden von Ehrenspurg.

Aber auf unser Herzog Heinrichs Thail in den Eblen Mann Ulrichen von Abensperg, und unser getreu

Ortlieben von Wald

Otte von Strubingen. und Heinrichen von Mosdorf unsern Hofmaister.

Wellichen von uns mit freien Willen anmütigelich und willkürlich Macht geben ist, all Beschwerung oder Klagen bisher begeben zwischen unser, unsern Dienern und Leuten, wie die mit Namen fürgeben werden, oder was Conditionen die seyen, durch das Recht oder gütlich zu entschaiden. Doch in diesem Compromiss sonderlich hinzugesetzt seyn. Sofern die vermelten acht unsre Räthe Schibrichter, oder gütlich Untertheidinger, durch den Weg des Rechtens oder der Güte sich nicht möchten vergleichen, daß alsbann die vorbenennten Bischof von Regenspurg und Burggraf als ain Persohn und arbiter und arbitrator unser jedes Klag so fürkommen, zu entschaiden haben durch Recht oder gütlich. In was Sachen aber durch Sie mit samt den achten aus göttlicher Ein-
sprechung

sprechung hievor zu entschaiden verfahren ist, wie dann in jeden nachgeschriben Artikeln aigentlicher erklärt wirdet, daß wellen wir bey geschworner Versicherung und Penen hernach in diesem Brief begrifen kreftiglich halten.

Fürnemlich fürs erst, daß die Beschedigungen Raub und Prant hin und wider zwischen uns und unsern Dienern und Leuten begeben, gegeneinander compensirt oder aufgehebt, und unser jedweder seinen Dienern um derselben Zuefügungen Widerkerung thun soll.

Und wo einer unter uns, oder jemand der Unsern in ainigen Schaden kommen aus dem, das den belaidigten kein Abtrag beschehen wär von deme, der aus uns Widerkehrung ze thun schuldig worden, so soll des belaidigten Herr dem andern Herrn oder den seinigen, die in sollichen Schaden gefallen seyen, Widerkehrung thun. Wo aber der Herr solchs Schadens halb Abtrag zu thun Ausflucht suchen wird, alsdann soll in der 14. Tagen den nächsten von der Zeit der Mannung des empfangen Schadens on Mittel zerechnen, verfügt werden, sollichen Schaden zu widerlegen durch die Haubtleut oder Richter in der Gegend sollicher Schaden ist zugesiegt worden. und wo es auch nit beschahe soll inner vierzehen Tagen nähst darnach wir Herzog Ludwig, wo es in unserm Bezierk beschehen gen München eingehen. Und wir H. Heinrich, sofern es in unsrem District beschehen, uns thun gen Landtshut, in Laistung und daraus nit gehen bis solang dein oder dem belaidigten Genügung gethan wirdet.

Item daß die Gefangenen, was Namens die seyen inner vierzehen Tagen von dem achtenden der

Pfingsten

Pfingsten zerechen, von Tag zu Tag hin und wider
frey ledig gelassen ohn alles Gevehrde, wo nit, so
sullen wir in die Laistung obernannter Stete eintretten,
bis solang die Gefangenen werden ledig gelassen.

Item daß auch die Porgen hin und wider gesetzt
absolvirt sullen werden, und endlich all Fürstándt oder
Versicherung aufhören. Allain ausgenohmen die so
durch princepal Schuldner gänzlich und endtlich sind
bezalt.

Auch hindan gesetzt die Expense by beschehen sind
durch die Porgen und Selbstschuldner in den Laistun-
gen mit Essen und Trinken, die sullen samt dem Scha-
den, daraus entstanden, bezahlt werden, durch die in
der Namen dieselben Expens beschehen sind, oder durch
die, dieselben Expensen in eigener Persohn gemacht,
oder schaden erlitten haben, und sofern in Erledigung
der Porgen ainig Verhinterung entstehen wurd, sullen
wir alsdann selbs thun, daß so in nächsten Artikel
vergriffen ist.

Item ain jeder freuer Mensch oder der der Leib-
eigenschaft frey gelassen ist, soll Macht haben zedienen,
wem er will, er wäre dann ainem aus uns seines Ge-
säß halben, oder aus alter Dienstbarkeit verbunden,
und ein sollicher, oder derselb soll von unser kaiuem an-
genohmen werden, ohn des andern Willen.

Item ain jeder Diener soll deme, des er ist, die-
nen, davon keiner den andren in diesem Falle verhin-
dern soll.

Item ain jeglicher Diener, er sey des Reichs,
oder ainer Kürchen, der mag unser ainem dienen, aus
des unterthannen Geschlacht er geheirat hat, es wollte
dann derselb dem Reich oder seiner Kürchen mit Dien-

sten anhangen, und sollichs ist gleicherweise mit andern Dienern auch zu halten.

Aber von wegen der Diener derhalben sich Zweifel hellt, weß die seyen, die sullen deme unter uns dienen, deme sie bisher gedient, oder angehengt haben, bis solang sie mit Recht überwunden werden.

Item von wegen der Hauptfeindschaften, oder Dottschleg sullen wir mit allen treyen endlichen Fried machen, von dieser Zeit an, bis auf die Geburd des Herrn, und von dann auf ain Jahr lang, und dieweil dieser Fridstand weret, wellen wir dazwischen müglichen Rate und Hilf alles Fleis fürkommen, damit durch Heurath und andre gebührliche Mittel sollicher Feindschaften halben vollkommen Versenung oder Verainung beschehe, wir seyen auch niemals dieser Zeit völligelich versönet denen, die sollich Todtschläg gethan haben.

Item daß nach dem achten der Pfingstfeyer künftiglich vierzehen Tag darnach unser keiner einichen Dienstmann halten soll, es seyen dann davor die Schäden weme die süren zugefiegt wurden, abtragen dem, der den Schaden erlitten hat, und sofern der, der den Schaden zugefiegt hat, solch darnach zu ainem andern Herrn thun wurd, und derselb Herr ainen solchen wissentlich zu Diener annehme, alsdann soll derselb Herr dem Belaidigten seinen Schaden bezahlen, und ob derselb Herr der Unwissenheit halben sich zu entschuldigen fürgeben wurd, die soll er mit Hand selbdrit erklären.

Hätt es dann der Herr, davon der Dienstmann kommen ist, gethan, soll er den Schaden auch zahlen.

Sofern aber der Herr zu dem sich ain sollicher Dienstmann gethan hat, an der Purgation Mangel haben wurd, soll er alsdann sollichen Schaden auch zahlen. Der-

Dergleich Gericht oder Urtel wirdet seyn gegen den Richter und Hauptleuten der Sclos, Flecken, Stådt, Dörfer, und andern Beseſtigungen, was Namens die seyen, bey denen ſich solch Dinſtmann enthalten haben. Es werde dann durch dieselben Richter, und Hauptleute von wegen der Beschediger, denen, ſo den Schaden geliten haben, billig recht erfolget.

Sofern dann der, ſo den Schaden gethan zehaben berüchtigt wirdet, deßhalben in Laugnen ſtehen wird, der soll sein Unschuld mit der Hand selbdrit ausführen, wo er es nit thun mag, soll er für schuldig billig gehalten werden.

Item wo auch die ſo von unser der Herrn ainem dem Sie bisher gedient hätten, ſich iner 14. Tag nach dem achten der Pfingſtfeyer nächſt kommend zu unser der Herrn ainen wieder gehen wollen, die sollen zu ihrem alten Herrn wieder kommen, und also füran kein Dienſtmann noch anderer, ſo wieder komt, ſich zu dem andren Herrn thun, daran auch von unser keinen dem andren Verhinderung beſchehen, es soll auch der alt Herr, den der alſo wiederkommt, frey und gütlich zu gnaden aufnehmen.

Und solchs soll auch gleichermaſſen gehalten werden mit den freuen Dienſtleuten, Hofgeſind und andren Bedienten, welichen ihre Diener oder aigen Leut von ihrem Herrn gangen wären.

Und solchs soll unser jeder, ſo ainer von dem andren darum ersucht wirdet, bey der Caution gethanes Aidts mit der That zu handln und zu vollziehen schuldig ſeyn.

Und ſofern aus unſern flüchtigen Dienern in dieſem Fall etlich nachläßig ſeyn wurden, ſo ſullen wir bey

bey denselben unsern Dienern alles rathsams Fleis und Hielf zu verfiegen nit nachlassen, bis solang ain jeder stückiger wieder zu seinem Herrn kom, und des stillen wir auch bey gethanen Aid einander zu verhelfen schuldig seyn.

Item von wegen der Klagen, Spenen, oder Beschwärungen die wir zu einander haben, der Brandenbergers güter halben sullen auf unser H. Ludwigs Teil, Heinrich von Preising Wichnaben von Furenspurg, Conrad von Haslangen, und auf unser H. Heinrich Theil, Ortlieb von Wald, Grimald von Preising, und Rainolden zu entschaiden haben, und sofern sie sich Entschids nit vergleichen könen, so soll der Entschid, oder Entledigung sollicher Beklagung bey Herrn Leen Bischofen zu Regensp. und dem edlen Mann Burggrafen Fridrich von Nürnberg als gemeinen Schiedrichter zu dieser Sach in sonderheit gegeben.

Und dieselben Schidrichter wo sie bisher nit geschworn hätten, sullen Aidspflicht thun, hiezwischen sand Jakobs Tag solliche Beklagung zu entschaiden, und sofern ihr ainer der Sachen nit gewarten möcht, so soll durch gegenbertig Arbitratores, und Verhörer der Sachen ain ander an desselben stat fürtragen werden bey der Caution gethanes Aids.

In inhangenden span sullen desselben Brandenburgs Güter seyn in Gwalt vorgenanter Herrn Leon Bischof zu Regenspurg und des Burggrafen.

Und welcher aus uns diese Verordnung nit halten wurd, soll die Sach verlohren, und darzu nichts minder manaidig und layhtig.

Item die Landstrassen auf Land und Wasser sullen irn Gang haben, und offen seyn, wie sie dann zu den Zeiten Unsers Vaters gewöhnlich irn Gang gehabt haben. Und

Und sofern äinich neu Zoll oder Maut von unser
ainem nach unsers Vatern Tod aufgelegt wären, die-
selben sullen, wie hievor auf unser Bescheidenheit und Ge-
wissen ihrn Gang haben.

Ausgenohmen die Zöll zu der Seligstadt und zu
Külheim, die sullen gar aufhören.

Sofern aber ainiger Schad denen, so das Land
besuchen in unser aines Herrschaft zugefüeget wurde,
derselb Herr, in des Gegent der Schad beschehen ist,
soll den erlittenen Schaden zahlen, und sein Recht ge-
gen dem Mißhandler, wie sich gebührt, vollführn, und
ainer dem andern getreulich und mit der That in diesem
Fall verhielflich seyn.

Und in sonderheit ist zu dem allen hinzugesetzt, daß
auf gemainen Straßen kainer dem andern für sich noch
die Seinen verpfänden oder aufhalten sol, er mach dann
war mit der Hand selbdrit, daß er vor geordneten Ge-
richt diese Beklagung hievor geübt hab gegen den er die
Verpfändung begert oder vermeint zu verpfänden, und
ime darzu das Recht, oder Billicheit zu verhelfen ver-
sagt sey worden.

Doch die Conpurgatores, das sind die Jme des
Rechtens verhelfen, sullen Leut seyn, die vor Gericht
entgegen geweft sind zu der Zeit als der Verpfänder
vor geordnetem Richter gegen dem Verpfändten die Be-
klagung geübt hat, und sollicher Purgation soll allain
gestatt werden deme, der ainen für sich selbs verpfändet
hat, anderst soll die Verpfändung, oder derselben Ex-
purgation nit beschehen.

Item von Ausgang weegen des Salz über die
Pruken zu Rosenheim, soll es gehalten werden, wie
hiervor von des Brandenburgers Gütern statuirt ist,
doch ausgenohmen daß der Ausgang des Salz des Bi-
schofs

schofs und Burggrafen Gwalt nit befohlen soll werden.

Item es ist gesetzt, wo unser Diener oder Leut, sie seyen Grafen, oder Freyen oder was Namens: dieselben geacht werden, ainich Anspruch zu einander haben, es sey um Eigenthum, Erbschaft, Lehen, Schulden, und von wegen Gefenknus, Raub, Prand, oder Beschädigungen. In Sachen die sich auf künftig Zeit nach disem unserm angefangen Vertrag, und Veranlassung verlaufen werden, soll der Klager dem Antwurter in sein Gericht nachfahrn.

Und sofern es über die Thunau am Beheimer Wald seyn würd, alsdann sullen der Sachen Richter seyn Conrad von Pdulsdorf und Seysrid der Sigenhofer.

Und herbißhalb der Thunau Otto von Stain und Ulrich von Abensperg.

Entzwischen diser Gegent. Winhard und Heinrich von Rorbach Gebrüder.

Am Yn Otto von Payrbron, und Grimald von Preysing.

Vorm Gepürg Heinrich von Prehsing und Ortlib von Wald.

Item das Schlos Eschlbach soll seinen Erben wieder geben werden, und diese zwo Sach sullen nach dem achten der Pfingstfeyer inner vierzehen Tagen vollzogen werden.

Item sofern unser aines Dienstmann, was Namens der ist, oder derselben unser Dienstmann Diener, sich von malefizischen Thaten wegen zu dem andern thun würd, und der von dem er geflohen ist, den andern darum ersuchen würd, derselb flüchtig soll inner vierzehen Tagen ohn alle Beschwarung ledig gelassen werden. Item

Item von wegen der Anforderung die wir H. Ludwig haben zu unserm Bruder der siben pfund, und Waitzens halb, so uns zu unsrem Theil gefolgt haben in der Thailung der Erbschaften die unser Mutter zugestanden ist, Pfaffenhofen und Inkofen mit ihren Zugehörungen, ist statuirt oder betaidigt worden, sofern ainich Privilegium das ist Urkund vorangen sey, das soll gehalten werden, wo nit, sofern dann der Probste zu Eting und Ilminster und Winhard und Heinrich von Rorbach auf ihr Aid sagen werden, daß unser Bruder uns noch schuldig sey an den vermelten siben Pfunden und Waitzen, derselben sag soll in diesem Fall gläubt werden, sofern sie aber nit ainhellig oder des nit mehr ingedenk seyn würden, soll es bestehen bey Erkahntnus oder Verordnung des Bischofs von Regenspurg und des Burggrafens.

Item sofern über Evenhausen brieflich Urkund aufgericht wären, soll es bey derselben Inhaltung beleiben, wäre aber kein Privilegium, das ist Urkund, verhanden, soll es bey der Zeugnus bestehen, die unser ainer gehabn mag, wo aber unser keiner die gehaben macht, so soll diese Ansprach allermassen, wie die vorig durch den Bischof von Regenspurg, und Burggrafen erledigt werden.

Item von wegen der Landstraß und Verglaitung von Regenspurg aus auf Cham, soll die Form gehalten werden, wie hier oben itz ausgesprochen ist, mit dem Zusatz, sofern man brieflich Urkund oder Gezeugen nit gehaben mög, daß alsdann die acht Arbitri und der Bischof von Regenspurg und Burggraf hievorbenennt, oder die an derselben stat werden subrogirt, sullen mit Recht oder in der Gütigkeit die Sach zu Ende bringen. Item

Item von wegen Nœrdeling und Loßung desselben Flekens halben besteßen, sullen wir Herzog Heinrich gegen unsern Bruder, wenn wir wellen unser Anspruch üben, und nach Erscheinung ains Monaths von der Zeit der Monung anzerednen, soll derselb unser Bruder gedulden, was die mehrgedachte acht Arbitri und der Bischof von Regenspurg und Burggraf, oder die an derselben stat substituirt werden, erkennen, er werde dann durch ehaft not verhindert, und in gleicher weis sullen wir solchs zu halten auch schuldig seyn.

Und der Klager soll aus der beklagten Gegend benennen undecimum, so in teutsch wird genennt ain Uebermann, doch daß derselb Jnen mit nahenter Sipschaft oder Schwagerschaft nit verwant sey. und die so unter ihnen noch nit geschworen hätten, samt dem Uebermann sullen Aidspflicht thun, so sie werden ersucht, daß sie die Beklagungen, die von ihnen geübt werden, treulich und on alles geuerde mit Recht oder in der Gütigkeit wellen vollenden, wo aber ainer oder mehr aus den obbenenten zechen abwesenlich seyn wurd, oder wurden, oder nicht möcht, oder möchten entgegen seyn, so sollen der, oder dieselben ander an sein oder ihr statt, die auch geschworn seyen, Subrogiren, und verordnen, und der Form dieses Gerichts soll von nächstkommenden Sanct Johannes Tag zu Sonrventen zwey Jahr lang währen.

Wo aber der Beklagt nit erscheinen oder dem Gericht widersessig seyn wollte, so sollen wir beed aneinander hilflich seyn, ainen sollichen zu der Genugthuung zu handhaben, und der Beklagt soll nichtminder die Sach verlohren haben.

Item zu vollkomner verainter Richtung ist insonderheit und ainsrechtiglich statuirt, sofern unser Dienstmann man ainer was Namens der geacht wirdet, wider unser ainen Zuspruch haben wurde, soll dem Klager durch uns Recht erfolgen, oder gitlich bericht vor den acht Arbitern und dem Bischof von Regenspurg, und Burggrafen nach dem Form von uns hieoben angezeigt, und so oft wir von solchen Klagern ersucht werden, sullen wir schuldig seyn denselben des Rechtens oder der Gütigkeit zugestatten, inmassen hieoben ausgedruckt ist, wo aber unser ainer darwider handele, der soll manaidig werden, und dazu die Sach, derhalben die Klag beschieht, mit der That verlohren haben.

Insonderheit ist fürsehn des Pruckbergers, und Wetelinßhalbn, daß sie von wegen ihrer Ansprach, die sie zu einander haben, das Recht suechen, oder sich gütlich vertragen hie zwischen und sant Johanns tag des Taufers náchstkünftig nach Form, wie der Dienstleut-Ansprach halben hievor begriffen, wellicher aber in diesem Fall nachläßig oder widersäßig seyn wurd, der verleurt die Sach und derselb soll nichtminder von uns beden zu billicher Gehorsam Frid und Ainigkeit bezwungen werden.

Item Sie, unser Dienstleut, Grafen, Freyen, Hofgesind oder ander was Namens die geacht werden, sullen kein Slos oder Besestigung kaufen oder aufrichten in des andern Herrschaft oder Gegent, ohn des andern, des die Herrschaft oder Gegent ist, Verwilligung, und solliches sullen wir bey gethanen Aid zu halten verpflicht seyn.

Item sofern das Slos und aufgericht Thurn zu Barach durch den alten walchen auf dem aign Lehen oder Gegent der Aschowarn erpaut ist worden, das soll alsdann on widerred serbrochen werden.

K            Item

Item die undecim karratis vini latini (das ist meins Achtens von wegen der ainlif khar oder Fas weſliſch Weins) und Kas die unſer Muetter gefolgt haben, ſoll es bey dem Sentenz oder Urtheil beſtehen der obgenanten acht Arbiter und Biſchof von Regenſpurg und Burggraf ſofern anderſt über dieſe Anſprach kein Gezeignus oder Brifflch Urkund verhanden ſeyen.

Item von wegen der Vogtey des Kloſter Sheyern ſoll es beleiben bey den brieflichen Urkunden, ſofern man die hat, oder der Zeügen ſag, und ſo man der kains hat, ſoll es beleiben in unſer H. Ludwigs Gewalt, wie wir uns dann des der Poſſeſſion bisher ſtät gebraucht haben.

Item von wegen der brieflichen Urkund uns H. Heinrichen gegeben zu Augſpurg von Herrn Rudolph Ro. Kaiſer und den Fürſten ſo dazemal entgegen geweſt ſind, von wegen der Chur, derhalben zwiſchen unſer H. Heinrichn und Hern König von Böheim ſich ſtrit gehalten hat, bekönen wir Herzog Heinrich daß wir uns nit verzeihen wöllen der Widerbegehrung und Reſtitution derſelben brieflichen Urkund und daß wir H. Ludwig in ſollich brieflich Urkund unſern willen nit gegeben haben, noch mit unſern willen beſchehen, daß ſollich Privilegium ſeinen Fürgang haben ſollt, und ſo wir hierüber von unſerm Bruder erſuecht werden, ſullen wir ihme des Rechtens und Güte mitſeyn.

Item zur Erhaltung gemeins Fridens im Land ſoll jemand Gſchos oder Handpogen fürn, er ziehe dann mit uns oder ainen Grafen oder Freyen oder unſern erbern Hofgeſind Haubtmann oder Richter, und zu Erhaltung diſes Statuts oder Geboth ſullen wir bed Fürſten bey gethanen Aid einander beholfen ſeyn.

Und

Und wo jemand anders gstalt, dann hierinstet Armbrust führen wurde, der soll von uns oder unsern Hauptleuten oder Viehrern, in der Gegent derselb, so ain Handpogen oder Gschos fürt, betreten wirdet, als ain Uebertreter und Fridbrecher gestraft werden.

Item ingemain und zu lesten Beschluß so sullen aufhören all Zuspruch oder Beklagung die zwischen unser bisher geübt sind worden, doch mit Vorbehalt der erledigten Artikel nach Form in gegen vertigen Briefen vergriffen, auch den Urkunden auf die sich gegenwärtig Schriften thuen ziehen.

Wellichs alles von uns in allen Kapiteln unzerbrochentlich soll gehalten werden, bey den Penen darinn begriffen und durch uns bey geschworn Aiden gesetzt.

Wellicher Sachen zu Gezeignus, und Bestärkung haben wir diesen Brief miteinander beschreiben und mit des ehrwürdigen Vaters Herrn Leons Bischofen zu Regenspurg, unsern, und Burggrafen Fridrichs zu Nürnberg Insigln befestigen, und bekräftigen lassen. Geschehen und geben zu Regenspurg nach der Jahrzahl des Herrn Tausent zweyhundert, Sechsundsibenzig Jahr. Quarto kalend. Juny.

## VIII.
### Vilshofer Hauptvergleich über die Reichsfürstliche Gerechtsame.

1 2 7 8.
92. Schublade. No. 6512.

Nos Ludwicus et Heinricus Dei gratia comites Palatini Rheni Duces Bavariæ omnibus notum facimus

facimus praesentia inspecturis, quod cum controversia habita *super haereditariis principatibus nostris jam diu nobis dissensionis materia extitisset*, ad jd propter bonum pacis et in id convenimus pari voto *corporalibus* super hoc *praestitis juramentis, ut omnis actio seu inpetitio principatus nostros contingens* salvo in omnibus jure per viginti et Duos annos continue numerandos sopita remaneat, et quieta: ita quod neutri praedictorum vel haeredibus utrinque ex *lapsu dictorum Annorum* in *possessione* vel *praescriptione* praejudicium aliquod generetur, sed de cursu praefati temporis jus suum unicuique nostrum et nostris haeredibus illibatum remaneat et illaesum, tempore praefato deducto ex medio uterque juribus pro se facientibus gaudeat inconvulse, nec aliter tenetur spacio medio temporis ad suscitandam actionem aliquam sine praedictis auxilium juris civilis aut Canonici invocare, sane ut contracta unio firma consistat, et sicut nos, sic etiam haeredes nostri relegato omni rancore ex dicta discordia provenire valente in pacis pulchritudine conquiescant, haeredes utriusque nostrum maiores annis similiter juraverunt se contra praedictam compositionem et fraternam unionem nullo modo venturos jmo servaturos fideliter pro decursu temporis memorati, pro haeredibus vero nostris in annis minoribus constitutis tam nos quam haeredes nostri maiores annis promisimus, et pependimus, quod ipsi ratificabunt compositionem praefatam imo fraternam unionem per nos jnitam cum ad annos pervenerint Pubertatis. et quanquam neuter alteri infra praedictorum viginti duorum annorum spacium vel haeredes nostri sibi invicem movere debeant aliquam actionem *de principa-*

*cipatibus ante dictis*, poſſumus tamen quandocunque placuerit, et utraque pars expedire viderit, e bona voluntate et voluntario conſenſu cauſam præfatam in totum amicabiliter terminare, ut etiam in præſenti facto omnis amputetur *Calumniandi Materia*, decrevimus mutuo expediri quatenus præſentis unionis contractus et forma ad maiorem rei geſtae firmitatem et memoriam noſtrorum et ſereniſſimi Domini noſtri Ruldofi Romanorum Regis et ſemper Auguſti nec non reverendorum Patrum et Dominorum noſtrorum videlicet Domini Salburgenſis Archi Epiſcopi Babenbergenſis, Friſingenſis, Ratisbonenſis Batavienſis, Eichſtenſis, Auguſtenſis et Brixſinenſis Epiſcoporum ſigillorum munimine muniretur. datum et actum in Vilſhoven anno Domini Milleſſimo Ducenteſſimo ſeptuageſſimo octavo. D. K. novembris.

(A. S.) (A. S.) (A. S) (A. S.)
Deeſt Sigillum Rudolphi Jmp. | Henrici ducis Sigillum exſtat. | Sigillum 3tium deeſt. | Sigillum Epiſcopale 4tum exſtat.

(A. S.) (A. S.) (A. S.) (A. S.)
Deſunt omnia tria Sigilla manetibus veſtigiis pro filo Serico. | Ultimum Sigillum quidem deeſt, remanſit tamen filum Sericum.

## IX.

**Herzog Heinrichs von Baiern Verordnung, wie es in seinen und seines Bruders Ländern mit Administrirung der Justiz gehalten werden soll.**

1 2 7 8.
9². Schublade, No. 6499.

Nos Henricus Dei gratia Palatinus Comes Rheni Dux Bavariæ tenore præsentium notum facimus universis quod cum inter nos et Ludwicum carissimum fratrem nostrum super diversis articulis quæstio moveretur de consilio dilecti consanguinei nostri Friderici comitis de Truchenting ad consilium nostrorum sic exstitit disinitum quod neuter nostrum *in terminis sive terris alterius castrum* sive munitiones aliquas erriget neque castrum seu bona aliqua comparabit nec etiam .... in suam recipiat potestatem sic ut in privilegiis a nobis prius datis lucidius est expressum .... ad festum beati Georgii proxime venturum et abinde per annum alernatim fide data promissimus ...... re uterque siquidem nostrum cum bonis et hominibus sicut hodierna die disinitionis ...... dictum sine quolibet impedimento alterius permanebit medio etiam tempore vivemus ...... statuimus insuper pari consensu super universis impeditionibus, quas homines prædicti fratris nostri contra nos et vasallos, ministeriales ac homines nostros in præsenti habeant, vel infra prædictum terminum proponere habuerint, vel e converso, quos nostri homines contra Henricum fratrem nostrum vasallos, ministeriales ac homines suos habeant vel habuerint

ex

*ex altera parte Danubij usque ad nemus Boemorum* judices infra scriptos videlicet ex parte carissimi fratris nostri Conradum de Baulstorfer, Dictricum de Haxenacher et Conradum de Barsberg, ex parte vero nostri Siefridum de Sigenhof, Hilprandum de ..... et judicem de Abbach, jtem intra Danubium et Jseram de parte carissimi fratris nostri Winhardum de Rorbach Arnoldum de Massenhausen et Albertum Schillbatz de parte autem nostra Henricum de Rorbach, Ulricum ..... de Eckenmil et Conradum comitem seniorem de Mospurga, jtem inter Jseram et Montana ex parte fratris nostri ..... de Bruckberg Henricum de Preising et Ottonem de Bairbrunne ex parte vero nostra Ortlibum de Walde, Ottonem de Frauenberg et Wolfinum vice Dominum, qui omnes assumto praedicto comite de Truchenting omnes causas sive quaestiones sicut de hominibus successoribus ac alliis hominibus nostris protractum est, sincere ac fideliter judicabunt, quod si praedicti judices in terminis constituti in aliqua parte discordaverint, sententie et judicio Friderici comitis praedicti cuicunque parti praedictorum judicum astiterit, reliqua pars tenebitur obedire. praedicti etiam judices plenariam habebunt potestatem, si reus actorum de illatis et propositis contra ipsum reum justitiam negaverit, vel judicium subtransfugerit de bonis nostris propriis moniti infra quatuordecim dies actorum tantum quantum pro culpa sua emenda sibi cesserit, assignandi, si autem reus judicio comparuerit et justitiam exiverit uterque nostrum in nullo pro eodem reo erit amplius obligatus. jtem si aliquis de vasallis seu Ministerialibus nostris aut hominibus nostris cuiuscunque conditionis justitiam

tiam coram prædictis judicibus ſtatutis querelantibus exhibere negaverit, eundem pari conſilio et auxilio ad exhibendam juſtitiam tenebimus tractare, et eundem neüter noſtrum, ſi juſtitiam negaverit, ſine voluntate alterius quamdiu vixerimus, in ſuam recipiet poteſtatem, jdem ſi reus ad exhibendam juſtitiam coram prædictorum judicum judicio propter inimicitias comparere non poterit prædicti judices poteſtatem habebunt, eundem vel eosdem ad judicium conducendi. item quicunque alium per Rapinam offenderit inter tertios comparium ſuorum fide dignorum id ipſum probare et etiam refundere tenetur, ſine Damno, quod Zwigalt vulgariter nuncupatur. Si vero unus prædictorum judicum deceſſerit ex hac vita vel impeditus legitimis negotiis in judicio comparere non poterit alium vel alios tenebimus ſubrogare. ad obſervantiam itaque omnium prædictorum.... noſtri ſigilli munimine duximus roborandum. datum et actum Ratisbonæ anno Domini 1278. tridecimo Kal. Maij.

(A. S.)
Sigillum Ducale conſervatum.

## X.

Der Gebrüder neue Theidigung über die ältern Verträge.

1280.

Nos Ludwicus et Henricus Dei gratia comites Palatini Rheni Duces Bavariæ profitemur

Præſen-

Præsentibus et notum facimus univerſis hanc Litteram inſpecturis *quod ad jnſtantiam ſereniſſimi Domini noſtri Rudolfi Romanorum Regis ſemper Auguſti,* ſicut prius juraveramus, ſic fide data *in manum Regiam promiſſimus*, quod formas compoſitionis in Privilegiis noſtris expræſſas ratas tenebimus, et ſuper omnibus quæſtionibus, *quæſtione principatuum excepta*, ſtabimus arbitrio fidelium noſtrorum infra nominandorum, qui corporale præſtiterunt, juramentum *in conſpectu regio*, quod nos debeant plene per amorem vel juſtitiam in omnibus concordare, ſunt autem ex parte noſtri Ludwici Ducis arbitri Conradus de Cuppurch, Winhardus de Rorbach, Heinricus de Priſingen, et Wichnandus de Jringſpurg, ex parte vero noſtri Henrici Ducis Ulricus de Abenſperk, Crimoldus de Priſingen Henricus de Rorſtorf, et Otto de Strubinga et Mediatores conſtituti ſunt, vice unius perſone Albero de Prukberck et Albertus de Hals, qui ſimiliter juraverunt, quod ſuper univerſis, de quibus dicti octo arbitri vel eis ſubſtituti diſcordaverint, eos concordent ſine dolo et qualibet captione per viam juſtitiæ vel amoris. ſi vero dicti Mediatores diſcordaverint, tenebimur Domini Henrici venerabilis Ratisponenſis epiſcopi tanquam Mediatoris arbitrio ſubjacere, Maior etiam numerus in executione dicta minori numero prævalebit. ceterum de caſtro *Pochſperg* eſt taliter difinitum, ut ſtet ſequeſtratum in *manu prædicti Domini noſtri Regis* ſalvo jure partium ſecundum omne jus, ſicut antea Ratisbonne a negotio eſt receſſum, hoc addito quod nulli jdem caſtrum aſſignabitur, licet *Poſſeſio eiusdem caſtri adjudicetur alteri parcium* dum quod prædicti octo arbitri et Mediatodiatores, apud quem dictum castrum remanere debeat fuerint arbitrati. adjectum est etiam, ut si qua pars diei statutae a dictis juratis captiose se absentaverit, vel juri parere recusaverit, parti comparenti et jus suum prosequenti assignabitur castri possessio memorati. jtem ut dies possint praefigere et diffinire utrum captiose agatur, vel non, in diffinitione consistit similiter arbitrorum. praeterea probationes habite apud Cham iam contra homines fratris nostri Ludowici non proficient sed in eiisdem causis secundum tenorem instrumenti apud Ratisbonnam confecti novis probationibus procedetur. Jn testimonium jtaque praedictorum omnium praesens scribtum nostris sigillis jussimus roborari *supplicantes Domino nostro Regi*, ut ad solitationem facti easdem nostras litteras sui sigilli robore communiret. Nos *Rudolfus Dei gratia Romanorum Rex* semper Augustus profitemur, quod ad jnstantiam Principum praedictorum pro testimonio et maioris roboris firmitate una cum sigillis eorum praesens scribtum nostri sigilli Karactere jussimus insigniri. datum et actum Vienne anno Domini Millesimo ducentessimo octogessimo XVL Kal. Maij.

(A. S.)     (A. S.)     (A. S.)

Von den zwey erstern Sigillen des Königs und Herzóg Ludwigs sind nur mehr die Pergamentenen Bänder vorhanden. Hingegen das Sigillum Henrici ist noch ganz conservirt.

XI.

## XI.
Der Herzoge Ludwigs und Heinrichs gemeinschaftliche Criminalverordnung.

1 2 8 5.

92. Schublade No. 65ch.

Wür Ludwig und Heinrich Pfalzgrafen von Rhein und Herzogen von Bayrn thun kunt allen dennen die disen Brief ansehen, daſ Unser Rat mit gemeinen Rat iſt komen nber ein sogethane Unzuht alſ oft bey Unſ iſt geschechen, und noch geschechen mächte, daſ wür beyde und Unser Sohn bayde, und jetweeds thails zwölff, die Man darzue nimt, sollen schwören, schwer fürbaſ bey Unſ oder bey Unsern Rath in Stätten, in Dörffern auf dem Weld, in den Burgen, oder swa wür ze deitungen zu einander komen, oder Unser Rath oder Unser Wizthom die dhain Unzuht thunt, das wür das Zerhant richten, ehe wür von der statt komen, also schwer swerd oder Mezzer bey Unſ zuchet, oder Pfeil aufschlecht, Man schlagen ihm ab die Handt, iſt aber das er wundet, oder Todtslagt thut, Man slahe ihm ab das Haubt, entrinnet aber er, so soll er sein Erlos, und rechtlos und sollen seine Lechen leedig sein, von swelchen Herren er sy habe, und soll Unser Hulde nimmer gewinnen, noch das Landt. swer ihm hin hilffet oder in lenger mit zzwigen behalt danne ein Nacht der soll daz Recht haben: Und sollen wür beyde deſ gerichtes helffen ez ſoll auch niemandt fürbaz auf Unser treyding fuhren Armbroſt, Sperr, Banzier, Pechelhaube verborgen Handtschuch, verborgen Huet

noch

noch bhain Eisengwandt. Ist aber das jemandt bhain
swert zuchet, gegen dem der In slahen wolte., und er
nothwer mach bringen, so sol er sein nicht entgelten,
das ist gesezet und gelobt bey Sigenburg in den
Baumgartten, da von Christes geburt es waren tau-
sent Zweyhundert und Fieff: und Achzig jahr des Mon-
tags vor Primi and Feliciani.

(S. A.)

## XII.

**Der Herzoge von Baiern Vergleich über ih-
re Gemeindsrechte in Regenspurg.**

1 2 8 5.
91. Schublade. No. 6503.

Nos Ludwicus et Heinricus Dei gratia Comites
Palatini Rheni Duces Bavarie notum faci-
mus præsentium inspectoribus universis quod cave-
re volentes indemnitatibus nostris et injuriis, que no-
bis in juribus nostris a civibus ratisbonensibus sont
illatæ seu per temeritatem eorum inposterum infer-
rentur concordavimus pari voto laudamento firmo
super hoc præstito quod nos adjuvabimus mutuo
per impedimentum viarum in terris et aquis et alia
quolibet juvamine per quod dicti cives possunt ad
recognitionem nostri juris plenius inclinari et de-
mum adjutorium sic valavimus, quod, si, quod ab-
sit, aliquis rancor inter nos orriretur hoc non ob-
stante indicto juvamine nobis mutuo cooperabimur
ad dictorum civium jniuriam compescendam et tale
pactum

pactum feu laudamentum abhinc usque ad jnſtans feſtum ſancti Martini et abinde per continuum quinquenium in ſuo robore perdurabit ſalvo in omnibus inſtrumento quod per nos ſuper eadem materia antea eſt emiſſum emenda etiam que comunem tangit injuriam communiter dividetur, et que ſpecialem, ſpecialiter ab illo recipietur cuius juri extiterit derogatum. in cuius rei teſtimonium præſentes damus ſigillorum noſtrorum Robore comunitas. datum Ratisbonne anno Dominj Milleſſimo ducenteſſimo octogeſſimo quinto VI. Kal. Septembris:

(A. S.)     (A. S.)

Sigilla duo illæſa.

### XIII.
### Theidigungsbrief zwiſchen Ludwig und Heinrich.

1 2 9 7. 87.
ya. Schublade. No. 6503.

Wir Ludewich und Heinrich von Gottes Gnaden Pfallenzgrafen ze Reine, und Herzogen ze Bajern thun allen den chunt, die dieſen Brief ſehend, oder hörend leſen, daz wir um allen den Chriech der zwiſchen uns, oder unſern Leuten und unſern Dienern iſt, oder noch werden möchten, um Raub um Brand, um Vanchnuſſe, um Purge, um Leute, und um Gute, oder um ſwelcherlaie dinch, an um die Sache,

da

da wir unſer Handfeſte ze Silshofen einander um gegeben haben, die unſer Herrſchaft antriffet, ze Schidleuten genohmen haben, unſerhalben des Herzogen Ludwiges Winharten von Norbach, Chunraden von Wildenrode, Weichnanden von Eiringſpurch, Chunraden von Eglingen, und Hainrichen den Judmann, und von unſren wegen Herzog Heinriches, Graf Albrechten von Halſe, Ulrichen von Abenſperch, Alharten von Frauenhofen, Ulrichen von Leubolfingen, und Albrechten den Viztum von Straubingen, und haben des unſer Treue gegeben, ſwaz ſi zwiſchen uns ſchaiden nach minne oder nach Rechte, daz wir daz ſtát haben, und volfiren, und haben geſchworn dieſelben treue zebehalten nach den Satzen, die an des Römiſchen Chuniges Handfeſte vor begrifen ſind, daz giengen, und habend auch ſi geſworn, daz ſi die vorgenannten Sache zwiſchen uns ſchaiden nach minne oder nach Rechte; und des erſten haben ſi geſchaiden, daz wir dieſelben Satze nach des Chuniges Handfeſte ſtáte behalten, und daz auch dieſelben Sätze beſter feſter werden, und beſter fründtlicher behalten werden, habend dieſelben zehen Schidmann zwiſchen uns geſetzet, daz von uns Herzog Ludwigs wegen um die vorgenannten Sachen, die nu geſchehen ſind, als ez des Chuniges Handfeſte hat Ulrich von Rorenmos unſer Viztum, und mit ihm Eberhart von Greifenberch, Eberhart von dem Hofe, und Hainreich der war von Gegenpuinte in dem obern Viztumamt, und in dem nidern Otte der Ehrandorfer unſer Viztum und mit ihm Dietrich von Wildenſtain, Hainrich von Parſperch, und Ulrich der Marſhalch von Lengefeld, und von unſer Herzog Hainriches wegen in dem obern Viztumamt Albert von Pfar-

refür-

rekůrchen unſer Vizfum, und mit ihm Reichter von
Ahann, Hainrich von Taufkůrchen, und Eiſrid der
Jud der Richter von Innekofen, und in dem nidern
Vizumamt Albrecht von Straubingen unſer Vizfum,
und mit ihm Ulrich der jung Truchſazze von Ekenmil,
Dietrich der Schench von Fligelſperch, und Chunrad
von Satzenhofen geſworn habent, daz ſi um die vorge-
nannten Sachen, ob ſi darnach und die vorgenannten
Schibleute daz Recht, oder die minne darůber geſprechend
in vierzehen Tagen nicht gebezzert werdend, ſwenne ſi
der Herre, dem man da bezzern ſoll, oder ſin Viz-
tum um die Sache, die man da bezzern ſoll, und da
man da ůber geſprochen hat, mant, zehant auz jet-
wederm Amt des Herrn der da bezzern ſol in varn und
laiſten, in den Städten, die hernach geſchriben ſtent,
und nimmer auz komen, ez werd danne vor gebezzert,
unz auf die Zeit daz man nach des Chuniges
Handfeſte die Burge antwurten ſoll, die auch
man fordern ſoll an die, die darůber geſworn habent,
und ſwenne man die Burge geandwurtet, ſo ſind die
Burgen ledig, und die Sache darum ſi ihe gefordert,
und genant warn, wár aber, daz die Burge nicht ge-
andwurdet wurden, ſo ſoll man ſi fordern an den Her-
ren, andwurdet ihr der nicht, ſo ſollen die vorgenann-
ten Burgen danach in denſelben Städten drey Monod
inne ligen, und laiſten, und in derſelben Friſt nimmer
von danne kommen, ez wurde danne ehe die Bezzerun-
ge vollfůrt, und nach den dreyen Manoden, ſwederre
unter uns Herren nicht gebezzert hat, noch die Burge
geandwurdet hat, der hat ſiner Treuen und ſines Ai-
des vergezzen, und iſt von allen ſinem Rechte gefal-
len an derſelben Sache, und jen die die Burge ge-
andwurdet ſollten haben, die ſint mainaide, wann ſi

darůber

darüber geschworn habent, daz ſi antwurten ſullen,
ſwer auch die vorgenannten Burgen, die drey Manobe und vorher zu, als da vorgeſchriben ſteht, gelaiſtent, ſo ſind ſi um dieſelben Sache ihr Treuen, und
ihr Aides ledig, werdent auch die Burge geandwurtet,
um ſwelch Sache ſi geandwurdet ſind, ſwenne ſi gebezzert werdent, ſo ſoll man ſi widerandwurten nach des
Kuniges Handfeſte. Ez ſullen auch die zwen obern
Viztum Ulrich von Rorenmos, und Albert von Pfarrekürchen, und die die mit ihn da geſworn habent laiſten daz Freiſingen, und die nidern Viztumen Albrecht
von Straubingen und Otte von Chrandorf, und die
mit ihm da geſworn habent ze Regenſpurch, darüber
habent ſi geſetzzet um ſwaz noch ſolcher Sache als da
vorgenannt ſind, zwiſchen uns und den unſern hinnefür widerführen, da ſoll der Herre, dem der Schaden
widerfährt, oder ſin Viztum in des Amt ez geſchieht,
den Viztum auz des Amt ez geſchieht, mahnen,
daz er ſchaffe, daz ez widertan oder gebezzert werde in vierzehen Tagen, geſchieht daz, wohl und gut,
geſchieht ſin nicht, ſo ſoll derſelbe Herre, dem der
Schaden widerfahren iſt, oder ſin Viztum, in des
Amt ez geſchehen iſt, mahnen denſelben Viztum, der
ez widerthan ſoll haben, und di Burgen, die mit
ihm geſworn habent, daz ſi ihn fahrn, und ſollen auch
ſi danne ihn fahrn in die Stadt die ihn vorbenannt
iſt, und ſollen nimmer auz kommen, ez werde denne
ehe widerthan oder gebezzert, unz auf die Zeit, daz man
die Burge antwurten ſoll, nach des Kuniges Handfeſte, di ſoll auch man fordern, und ondwurten, als
vorgeſchriben iſt, wurden ſi nicht geandwurtet, ſo
ſoll man den andern Viztum des Herrn, der da bezzern
ſollte, auch mahnen, und die, die mit ihm geſworn
habent,

habent, und sullen die ihn fahren, und laisten an die Stadt die ihn benennt ist, und sulln also baidenthalben laisten, biß auf die drey Maned, alz da vorgeschriben ist, und dánne um die selben Sache lediich sin, und stet auch eʒ um den Herren; und um jen die die Bürge geandwurtet sollten haben; und auch um das widerandwurten der Bürge, swenne die Schaden gebezjert wirdent, als es da vor geschriben steht. Darüber habent si gesetʒet, ob der Vizttum ainer stürbe, oder verkert wurde, oder der Bürgen ainer stürbe die mit ihm geschworn habent, daʒ der Herre, der den Vizttum verkert hat, oder des Vizttum todt ist, schafe, daʒ der Vizttum der da an jenes stat genohmen wird, swer iner vierʒehen Tagen, als der wider gesworn hätt, und einen andern an des Bürgen stat gebe, der da todt ist; und halʒʒe den swern in der vorgenannten Frist, als jener gesworn hätte, und geschähe des nicht in denselben vierʒehen Tagen, so soll der ander Herre die andern Bürgen, die mit den vorderm Vizttum, und mit den vordern Burgen gesworn hätten, mahnen, und sollen die einfahren, und laisten an der stat als si in vor benennet ist, und nimmer von danne kommen, unʒ es geschehe.

Darüber habent si gesetʒet, ob von uns aintweders leuten ein Todtschlag geschieht, so soll der Herre, dem der Todtschlag geschehen ist, dem andern Herrn klagen, wil er ihn denne behalten; so soll er ihm einen als reichen, und einen als tiuren geben, eʒ ensey danne, daʒ derselbe, der den Todtschlag hat gethan, mit ihm selbe dritten ehrbariger Leute, und gelaubhaftiger Leute sich da von genehmen müg, daß er eʒ notwehr sines Libes gethan habe, oder daʒ er sin todtseind sey gewesen, und daʒ bring mit den Leuten den daʒ wär gewissen sey, daʒ er ʒe Recht sin Feind sey gewesen; oder daz er ihn an sinem Schaden funden, und erslagen habe, mag aber er des nicht bringen, als da vorgeschriben stehet, behalte ihn denne der Herre, er, oder die Seinen nach der Vorderunge in vierzehen Tagen, so soll er sin Gälter sin, auch als vorgeschriben stehet. Ist aber ez ainer der ain Burch hat, da soll der Herre Recht von bieten und thun, oder er soll sich sin äuzzen, und soll helfen des andern sin auf ihn, er und die sinen. Si haben auch gesetzet, daz unser jetwedere dem andern sin Leute, und sin Diener, und sin Leute, und siner Diener Leute die er ihn hat genohmen, und inne hat von dem nächsten sant Marteins Tag iner vierzehen Tagen widerandwurte nach der zehener Rathe und des Burggrafen von Nürnberch, und daz auch je der Herre denselben sin Hulde gänzlichen und dürnächticlichen soll geben, und soll auch uns entweder dem andern sin Leute, und sin Diener, noch siner Leute, oder siner Diener Leute fürbaz einnehmen, geschehe aber ez, so soll man si widergeben nach der Forderung in vierzehen Tagen.

Darüber habent si gesetzet, daß unser entwedere, noch unser Leute, noch unser Diener, es sin Grafen, Freyen, Dienstmann, oder swie si gehaizzen sint, in unser entweders Land, dehain Burch, noch dehaine Schlose, Feste weder bauen, noch kaufen, noch anders gewinnen soll, an des andern Willen und Verlaub, daz sollen auch wir baide dehain ander Gut, noch urbar. Geschähe aber daz, so soll man ez widerthun nach der Forderunge in vierzehen Tagen, und swaz daran unzher übergrifen ist, daz soll man nach der vorgenannten Zehener, und des Burgrafen Rath abrichten, si habent auch gesetzet, ob der dreier dehains diu vorgeschriben stent, um den Totslag und um der Leute einnehmen, und um daz übergreifen an Kaufe, an Baue oder an andern

andern Gwinnenne, Burg, Stedt, Dörfer, und anders Gutes übergrifen wird, oder zerbrochen, oder ob man daz, daz da gesheḥent ist unz her swenne die zeḥen darüber gesprechend nicht widerthät iner vierzeḥen Tagen, so sollen die Bürgen laisten, und soll man die Bürge antwurten auf diu zil als vorgeschriben steht, geschehe des nicht swenne die Bürgen darnach geleistend, als auch vorgeschriben stehet, dren Manede an daz, daz der Herre der si nicht hat haizzen geandwurten, sines Aides vergezzen hat, und die si geandwurten sollten haben mainaid sind, und an daz, daz er an derselben Sache von sinem Rechte gevellet, so verfallent sich die drey Burge gänzlichen besunderbar um der dreyer Dinge jegleiches, und werdent des andern aigen, und siner Erben mit allem dem daz darzu gehört Leute und Güte, besuchte und unbesuchte, und daz der ander ainer dehain Ansprache fürbaz daran habe. Darüber habent si gesetzt, und erthailt, daz die Gefangen baidenthalben ledich sin, und ihr Bürgen swie si gefangen sint, und swenn man uns geshriben geit, den sulln wir sazehand ledich lazzen, und darnach senden, auf den Aid den wir gesworn haben, und auf di vorgenannten Bürgen die wir baidenthalben gesetzet haben.

Si habent auch gesetzet, daz diselben Gefangen von sant Marteins Messe iner vierzeḥen Tagen vor dem Herrn, von deswegen si gefangen waren, oder vor swenn er ez haizzet, Urvehe sweren, und swer nicht swert in derselben Frist, da soll man um mahnen die vorgenannten Bürgen die Viztum balde, als ez vorgeschriben stehet, swer aber swert, da ist der Herre zu diser Frist nicht anders um gebunden nur als um einander Sache diu fürbaz widerfährt, si habent auch gesetzet,

L 2

ſetzet, ſwaʒ in Vorgſhafte ſteh, und daʒ derſelbeſhol nicht geben hab, und doch Bürgen darum laiſten; und ſtehn hab halt der Bürg gewert, daʒ daʒ ledich ſey, und ſoll der Schad an den Erben der ihn darʒu bracht hat: Darüber habent ſi geſetzet, daʒ eʒ um die Freye Leute, und um des Reiches, und der Gottshäuſer Dienſtmann, und um die Dienſtmann, da man um nicht enwaiʒ wen ſi angehörent, und um ander ſolich Diener alſo ſtehn ſoll, als eʒ vor an unſern Handfeſten begriſen iſt, darüber habent ſi erthailt, daʒ wir Herzog Hainrich Trausnicht wider antwurten ſollen den Erben ʒehand in allem dem Rechte als ſi eʒ vor inne habent gehabt, und alʒ eʒ vor an der Handfeſte begriſen iſt, und auch uns Herzog Ludwigen die Walturinne und ihren Kind, und ſollen auch ſi unſer Hulde haben dürnſhlächtichtichen. Eʒ ſoll auch um des Starzhauſers Totſhlag in allen dem Rechte, als eʒ geſetʒet iſt, ſtehen unʒ an unſern Herrn den Biſhof Heinrichen von Regenſpurg, und daʒ daʒ wider ſahr von hinnen unʒ ʒe Liechtmeſſe an Geſährde. Mag aber ihr ainer der Biſhof, oder der Burgraf der bi nicht geſin, ſo hat der ander den Gewalt eʒ aber ʒe früſtenne an Geſährde. um ander Todtſhläg, die ʒwiſchen uns geſchehen ſind und nicht verhorn ſind, die ſoll man beʒʒern nach minne, oder nach Rechte, als die ʒehen häiʒʒent, und der Biſhof, und der Burgraf.

Eʒ ſoll auch nieman den **andern rauben noch brenen** um dehainen Todtſhlag; geſhähe aber daʒ, daʒ ſoll man ablegen und beʒʒern, als andren Raub und Brand, darüber habent ſi erthailt, daʒ der Pauls-dorfer Albrechten dem Puchberger ſinem Aidem **Halſelbach** widerandwurden ſoll, und ſoll derſelbe Puch-
berger

berger dem Paulsdorfer und sinen Erben stat haben, daz alle die des Puchbergers aigen leute, und die Burg ze Haselbach mit allem dem daz darzu gehört besuchte und unbesuchte si angefallen und ihr aigen sey, ob des Paulsdorfers Tochter des Puchbergers Hausfraue den Puchberger überlebt an Erben, gewinet aber si Erben mit einander, so sullen si derselben Erben seyn, ist auch daß der Paulsdorfer und sin Erben den Puchberger und sin Erben überlebent, so soll aber denselben Paulsdorfer und sein Erben die selbe Burg Haselbach mit allem dem daz dazugehört, und alle sin aigen leute angefallen, und ihr aigen sin, ist aber daz der Puchberger des Paulsdorfer Tochter sin Hausfrau überlebet an Erben, so ist derselbe Puchberger dem Paulsdorfer und sinen Erben allen an Sifriden sinen Sun, und an die swarzenburgerinne, und die Walbaurinne sin Tochter schuldig hundert Pfunde Regensburger Pfeninge, und soll ihn dafür geben swaz der Paulsdorfer, oder sein Erben genement auz sinem Gut, widersteht aber er in dieselben wahl, so ist Haselbach mit allem dem daz darzugehört, in Pfand für dieselben hundert Pfund, und soll auch der Puchberger des vorgenannten Gutes nicht anwerden noch versetzen an des Pauldorfers und siner Erben Wort und Verlaub, so soll auch der Puchberger dem Paulsdorfer und sinen Erben allen sinen verliehenen Lehen aufgeben, swenne si ihn darüber ermahnent, und soll der Paulsdorfer und der Puchberger vor den zehene und vor dem Burggrafen um ander Sache daz Recht aneinander thun, darüber habent si gesezet, daz wir schafen mit unsern Marchleuten, swenn die Viztum fordern ze swern, die march und die Strazze baidenthalben ze sridene und ze shermene daz si das thun, und auch den Viztumen beholfen

beholfen ſin, mann ſoll auch die Strazze ofene, und freilichen lazzen gehn, als ez an den alten Handſeſten geſchriben ſteht. Darüber um des Schiltpergers Lehen, die der Schiltperger von uns baiden hätt, habent ſi ez alſo geſezzet, daz unſer jedwedere ainen nähm auz den zehen, und daz die der nähſten und der beſten ehrbäriger Leute nennen ainen und zwainzech die daz Lehen von dem aigen ſchaiden, und ſwenne der ainer und zwainzech ſiben das Lehen geſchaident von dem aigen ſo ſullen wir ez miteinander tailen, um wernhern den Praitenecker ſint zu Urtail gefallen, die hat der Burgraf mit ſamt im verzogen unz an den Biſhof, wann er ain darüber nicht ſprechen wollt. Um die Anſprache um Prünne ſoll der Praitenecker und ſein Sun daz Recht thun, auf dem nähſten Tage, Jetenbach ſoll der Rainer, oder des Törringers Kind verantwurten, auch auf dem nähſten Tag gegen uns Herzog Ludweigen, ſo iſt geſezzet um den Shönenberch auch auf den nächſten Tag, und ſoll darum geſchehen auf demſelben Tag ſwaz die zehen minne oder Recht dunket, zerſlahent die daran, ſo ſteht es an dem vorgenannten Biſhof, und an dem Burgrafen, mag der aintwedere nicht der bi geſin, ſo ſoll demſelben der ander ſinen Gewalt geben, ob er will, daz er ez in ihr baider Namen ende, der hat auch benne deſſelben vollen Gewald. Dorzu haben wir bebe uns verchorn gegeneinander lautleichen, um allen den Schaden der uns baiden, oder unſern Dienſtmannen, oder andern unſern Leuten, oder unſern Dienern, beſonderbar an Raub oder an Brande vor Liechtmeſſe, oder nach, unz auf den nächſten Sontag nach ſant Lucas Tage des Evangeliſten, do wir bebe in die Stadt kommen ze Regenſpurg widerfahren iſt, und ſoll unſer jedwedere ſinen Dienſtmanen, und andern

ſinen

ſinen Leuten, und ſinen Dienern, und ſinen Helfern, ſelbe ablegen, und ergezen, und alſo ſchafen, daß ſi unklaghaft werden, widerfuͤhr auch unſer ainem von dem andern, oder von ſinen Dienſtmannen oder von andern ſinen Leuten, oder von ſinen Dienern, und ſinen Helfern dehain Schade, darum daz ihm nicht gebezzert waͤr, desſelben Schaden iſt der ander Gelter und laͤt er ihm den nicht ab nach der Forderung in vierzehen Tagen, ſo ſoll unſer aintwedere, dem der Schad da geſhehen iſt, des andern Viztum baide mahnen, und die Buͤrgen die mit ihm geſworn habent, und ſollen die infahren, und laiſten, und ſoll auch denne alles daz geſhehen, daz um andern Raub und Brand vor an dirre Handfeſte geſpriben ſteht, ſwaz aber ſeit wir in die Stadt kommen baidenthalber geſchehen iſt, daz ſoll man alles ablegen, alſo, daz die zwen obern Viztum, und die zween nidern Viztum, nach ſant Mor:eins Meſſe uͤber vierzehen Tage, einen Tag gegeneinander ſuchen, ſwa ſi hin ze Rath werdent, und ſoll ihr ainer dem andern mit ſinem ofenen Briefe vor dem Tag acht Tage kunden, wen er fordern ſoll aus ſinem Amt auf denſelben Tag Bezzerung zu thun, und ze nehmene, und um ſwaz da geſprochen wird, daz ſoll man danne ablegen, darnach in vierzehen Tagen. Geſhaͤhe das nicht, ſo ſoll man aber infahren, und laiſten, und die Buͤrge antwurten als vorgeſchrieben ſteht, und ſwer auf denſelben Tag nicht kommt, ſo berecht der ander ſinen Schaden als die vorder Handfeſte ſeit. Daruͤber habent die zehen geſetzet ſwaz zwiſchen uns ſelben, oder unſern Leuten, oder unſern Dienern, gegen uns oder gegen ihn ſelben um Leute und um Gut oder um ſwelche Sache, ez ſey, daz an dirre Handfeſte nicht verrichtet iſt, daz ſoll man nach den alten Handfeſten abrichten

ten auf die Tag, die zwischen uns gesetzt werdent. Dazu hat Albrecht von Straubingen unsers Herzog Hainrichs Vizthum unserm Bruder gesworn, die Burch daz Pfreim, ob ez darzu komm ze andwurten an Graf Perngers stat von Lewenberch in allem dem Rechte als ez an des Kuniges Handfeste, und auch in dirre Handfeste vor verschriben steht, darzu habent si gesetzet, daz die Sätze, und disin Gelübde die an diser Handfeste begrifen sind, nach des Kunigs Handfeste von sant Michels Tage der neulichen hie ist zwischen uns drui Jahr weren und stet soll sin, und daz auch disin Handfeste andern unsern Handfesten die vor gegeben sind Sätzen und Gelübden nicht schaden soll, und daz die Sätze alle stette beliben und unzerbrochen, ist diser Brief mit unsern Insigeln, und mit des vorgenannten Burgrafen Insigel versigelt, und ist auch disin Handfeste gegeben in der Stadt ze Regenspurg, do von unsers Herrn Geburte waren tausend Jahr, zweyhundert Jahr, und in dem siben und achzigisten Jahr des Freytags vor sant Marteins Tag.

(A. S.)  (A. S.)  (A. S.)

Das Wachs vom ersten Sigill Herzog Heinrichs hangt zwar noch daran aber ohne Auftruck.

Das zweite ist von den Pergamentenen Päntern ganz abgerissen.

Das drite des marggrafen ist auf beede Seitin beschädigt, aber doch noch am mehresten kennbahr.

XIV.

## XIV.
Weitere Theidigung über die zwischen den Gebrüdern Ludwig und Heinrich entstandene Irrungen.

### 1 2 8 8.
gt. Schublade. No. 6493.

Wir Ludwig und Heinrich von Gottes Gnaden Pfalentzgraue ze Reine und Herzogen zu Bejern tun kund allen den, die disen Brif ansehent und hörent lesen, das unser Herr der Bischof Heinrich von Regensburg, und unser lieber Freunt der Burggraf von Nüremberg mit den zehen die unsers gemeinen Rates sint, und an die wir unser sache lassen haben ze minne, oder ze rechte, sich verainet habent das alles das, das ze Regensburg zen dem nächsten Täding. nicht geendet, und nicht abgelait wart nu alles vertörn lauterlichen sol sein, um Raub um Brant, Vanchnussen. Es sollen auch die geuangen alle lediglich sin und swas in Burgschaft stet, das sol auch ab sin, wir haben auch verkörn, und ablassen, allen den schaden der von denselben Taidingen diu ze Regensburg warn untz her geschehen ist zwischen allen unsern leuten, und unsern Dienern, und sulen wir bede ietwedere die sienen ergezen, und also schafen, das für bas darume nieman gepfendet werde, Es sol aber der Totschlag der nu hier zu Regensburg an dem Wumshouer geschehen ist, und swas anders schaden geschehen ist seit wir nu herkomen an sanct Marien Magdalena Abent untz auf den hiutigen Tag gebessert werden nach der vorgenanten des Bischofs, des Burgrauen, und der zehen rat, wir wollen auch swas wir unser Läute und unser Dienner um aigen, um Lehen und um Gülte daʒ recht ſhulde iſt, mit einander zeſhafen haben, das, daß getaidinget, und geendet werde mit dem rechte als es begrifen iſt an den Vordern hantfeſten. Si habent auch geſeʒet, das unſer baider Viʒtum die obern, und die nidern ir ieglicher Drei nemme von unſern Dienſtmannen, oder unſern Dienern, die im beholfen und beygeſtanden ſin ʒe underſten= ne Raub und Brand und ander laie ſhaden, und ſulen auch wir ſhaffen, das ſi des bai- denthalben gewaltich ſin, und ſwa die Viʒtum daran ſaumich ſint, ſo ſol der Herre da man des ſha- den hin wartent iſt, deſſelben ſhaden warten hinʒ ſinem Viʒtum der da ſaumich iſt geweſen, und ſol der ander Herr dem der ſhade da geſhechen iſt, oder ſin Viʒtum manen die Bürgen, und vordern die Bürgen, als es begrifen iſt an der Hantfeſte, die neuliche nach unſers Herrn des Chunigs hantfeſte hie ʒe Regensburg gegeben iſt. Wir ſuln auch wider- antwurten die Läute da wir gegen einander Anſprache um haben nach des vorgenanten Biſhofs, und des Bur- grauen, und nach der ʒehner haiſſe, ſwelche, und wen- ne ſie dieſelben haiʒʒent widerantwurtten, oder der vor- genante unſer Herre der Biſhof und der Burgraf, die des Gewalt habnt ob ſi wellent, an die ʒehen. Darʒu haben wir geheiſſen, das alle unſer Marchleute Viʒtum, Dienſtman, Dienner, und Richter ʒeſammen ſwern das ſi mit gemeiner Hilfe werrn, und underſten allen den ſhaden, den uns, oder den unſern die behaim heraus tun, wellen aber wir, oder unſer ainer, ieman ʒehel- fen chomen hinein, des mugen wir wol tun. der Lo- ſanner ſol unſern Bruder Herʒog Heinriche Mine oder Rechte tun, um ſwas er hinʒ im ʒeſprechen hat, und

ſol

fol im von unfern Bruder das recht hinwider widerfarn. wil der Lofanner des nicht, so folen wir Herzog Ludwig uns fin auffen, oder follen fir in gelten. difin Hantfeſte fol auch auf die Zeit wern, und ften, als die vorgenant hantfefte die neulichen hie ze Regensburg gegeben wart, und fol auch ein Veftenunge fin auf diefelben handfefte, und fol auch ander unfern handfeften und gelübden nit fhaden, diefer Brief ift auch ze einer ueften ftetigunge befigelt, mit des vorgenanten unfers Herrn des Bifhofs, unfer Zwaier und des vorgefchriben Burgrafen Infigln, und ift das gefhechen ze Regensburg do von Chriftes Geburte waren Taufent Jar, zwei hundert Jar, und in dem achte und achzigiften Jar, an Sanct Laurentien Abent.

(A. S.)  (A. S.)  (A. S.)  (A. S.)

Henricus Dei gratia  Duo Sigilla du-  Sigillum Burg-
Ratisbonenſis ecclefiæ  calia.  gravij.
Ep. in cera oblonga.

## XV.
### Zwote Freyſingiſche Handfefte.
1 2 9 0.

394. Schublade, No. 32483.

Wir Biſchof Heinrich von Regenspurch haben zwiſchen der Herzogen, Herzog Ludweigs vnd Herzog Otten von Beirn daz Ror alſo geteidingt nach ir rats rat den fi zu vns gefchoffet heten, vnd mit ir paider willen, daz der von Sevelt vnd all di gevangen ſint,

sint oder in Porgschaft stent, seib des nachsten tags den
di herren mit einander habent gehabt daß Freising nach
sand Veits tag an allerhand schaden ledich sein. Swaz
puch gebresten vnd schaden seit des selben tags zwischen
der Herren ergangen ist den sol man auf dem nachsten
tag den di Vitztum miteinander haben sulen, vor an-
dern schaden ablegen vnd bezzern, also ob eß e nicht er-
gee daz der von Seyell vnd all di gevangen oder di in
Porgschaft stent, seib des nachsten tags nach sand
Veits tag an schaden ledich werden. Eß sulen ouch di
Vitztum einen takch suchen mit einander di nidern von
dem montag der nachst chumt veber ost tag daz ist an
sand Gallen tag ze Regenspurch, vnd sol man da der
gevangen schaden mit samt dem vorgenanten schaden
ablegen mit allem dem recht als eß ze Freising be-
griffen ward mit teibingen vnd an derselben hantvest
verschriben stet, vnd sol ouch der takch vmb dcheiner-
hand sache nicht abgen. Ist daz der Herren einer
seinns Vitztums bedarf, also daz der Vitztum auf den
takch nicht chomen mak, so stet an vns welchen takch
wir in denn geben den suln si suchen mit allem dem recht
vnd der vorder tag gemacht was. Eß suln puch di
Vitztum einer dem andern sinnen schaden geschriben ge-
ben biz der nachsten mitichen. Eß suln ouch di obern
Vitztum einen tagkch suchen mit einander des nachsten
tags, nach sand Lucas tag mit allem dem reht als er
den nidern Vitztumen gegeben ist, zwischen Aerding vnd
swaben, vnd sol ein Vitztum dem andern sinnen schaden
geschriben geben, biz sand Gallen tag, Sweders Her-
ren Vitztum des niht entat, so sulen des andern Her-
ren Läwt ir schaden bereden, als ir alter satz stet, vnd
als ir alt hantvest habent vor ir Vitztumen vnd swelh
schad auf den tagen beret wirt, vor den nidern oder vor
den

den obern Wiztumen, da stet es in fristen umb uns an
den nachsten takch nach sand Merteins tag, und den
suln die Porgen darumb laisten als si di herren gesetzet
habent an der hantvesst die daz Freising darüber gege-
ben wart, Ez sol ouch dirr satz niht enschaden den ge-
vangen und ir schaden, da emaln vor disem satz vebet
gesprochen ist und di ir schaden emaln berehtt habent,
den sol man auf den selben tagen verrichten zehant oder
man sol darumb laisten als vor verschriben ist: Ez suln
ouch di dazu gesetzet sint biz des Eritags nach sand
Merteins tag auf die gemerch reiten und suln di Chunt-
schaft ouz nemen und swaz si ervindent ouf den nachsten
takch bringen als an der vorgenanten Hantvesst die daz
Freising gegeben wart verschriben ist. Ez suln ouch
di Herren einen takch mit einander suchen, des Sunn-
tags vor sand Andres tag pi der abens swa si noch ze rat
werdent. Man sol ouch uns ietweder halben zwelif
sache di ie dem Herren allerbesst fuget, geschriben ge-
antwurten biz aller Heiligen tag, di zwischen ir dienæ-
rn und lauten sint als ez an der vorgenanten Hantvesste
von Freising geschriben ist, und sel man di an dem vor-
genanten tag biz sand Andres tag vor allen andern sa-
chen aurichten. Wir wellen duch daz der Hertzog Lud-
weich daz haus Traufniht den eriben wider geantburtt,
biz sand Gallen tag; in aller der gewer als ez stund do
di Herren nachst von einander schieden daz Freising und
daz ez entweder Hertzog, weder der Hertzog Ludweich
noch der Hertzog Ott, noch dchein ir man noch dienæ-
er weder chauff noch gewinn noch sich seiner underwind;
Swer daz tat der sei von allem sinem reht an demsel-
ben Haus gevallen, an laut und an gut, und waer
daz ainer erben di andern verstleizzen von der Purch so
suln di Herren paid behulfen sein, den di da verstozzen
sint

sint wider dis di die Frevel getan habent, vnd suln si in
di gewer setzen vnd suln ouch si schermen in der selben ge-
wer vntz wir daz reht darveber gesprochen, vnd auf dem
nachsten tag sol man daz reht darveber sprechen vor den
zwelif sachen vnd dem Hertzogen Otten ein sämlichez ab-
legen, daz dem geleich sei. Wir wellen ouch daz der
Hertzog Ott sinem Vetern denn Hertzogen Ludweigen
daz Chunrat von Chamer wider geantwurtt daz der
Vrovehover in siner Gewalt hat, vnverzigen des Her-
tzogen Otten rechts, an demselben Chunrad vnd an der
Purig daz chamer, swenn er in etman sines rehts daz
der Hertzog Ludweich darvmb tu, daz reht sei. Swenn
ouch Hertzog Ott daz recht darumb such vnd ez im wi-
dervar, so sol er sinem Vetern Hertzog Ludweigen, ein
sache da engegen abrihten die der geleich si als vns be-
scheidenlich vnd gut duech. Ez sol ouch die Hantvestt
der nachst gegeben ward daz Freising, des nachsten
tags nach sand Veits tag in allen chresften beleiben vntz
auf di nachsten Lichtmess die chomt, an des allein, daz
Heinrich der Judman der hofmeister ze porigen gesetzet
ist, an Eberharts stat Herrn Winharts suns von Kor-
bach in allem dem gelübd als Eberhart emaln porig ist
gewesen daz der Judman daz allez laist mit den andern
porgen. Ez suln ouch di Herren daz lant in frid vnd
in gnad setzen, Ist daz ieman dem andern dchein
schaden tut, vor des nachsten tags den di Herren mit
einander haben suln, des suln di Herren vngewaltich
sein, daz si darumb dchein Frist geben, man geb denn
di Frist an gevair, vnd mit vnser gewizzen vnd mit vn-
serm willen, vnd sprechen daz aller meist darumb, daz
di laeut ze disen Ziten mer trahtent nach gut denn an-
der Zit. Wir wellen ouch daz nieman dcheinen knecht
behalte noch dienair er si hoh oder nider oder siwi er ge-
nant

nant ſi er well in denn verantwurten, behalt er in darveber den ſchaden ſol man bezzern ſam andern ſchaden, er tu den ſchaden zu im oder von im. Ewi ez auch begriffen ſtet an der vordern Hantveſt doch ſo gebiet wir den Herren bi dem Aid dem ſi vns geſworn habent, daz ir entweder des andern Diener iſt innem, ſwi er ſin Diener ſei, und ſwi er in herbraht hab in dienſt. Ez ſol auch entweder Herre in des andern Lant purig oder ander veſte alt oder newe, weder parwen noch chauffen, noch gewinnen, ob halt eintweders Herren Dienſtman oder eigen man in eins andern Herren lande ein purch hat, di ſol ir entweder chaufen noch gewinnen. Waer auch des got niht engeb daz dchein aedel man, pfaffen, grauen, vreien, oder dienſtman gevangen wurden als nu an dem von Sevelt ergangen iſt, ſo ſol der Herr in des lande ez geſchieht des purch der in gevangen hat oder da er gevangen leit beſitzen ob er ſelb mag an gevair vnd ſol dann niht enchomnien, er brech die purch nider, vnd ſol auch dchein ander bezzerung darvmb nemen denn di purch nider brechen, mag aber er ſelb dahin niht, ſo ſol der Hertzog Ludweich ſiner ſun einen dahin ſenden, oder der Herzog Ott, ſinen Bruder vnd ſuln da zu paid an einander beholfen ſein. ſwar aber ez tät der oder dy, di ſuln ouz dem Land vertriben ſein, und ir lehen ledich ſeyn, von ſwem ſis habent, ſi chomen dann mit paider Herren willen wider ze Hullden. Iſt aber daz der Herre den oder di di daz täten, vnd weder purig noch aigen noch lehen noch erb in dem Land hielen, in dem Land duldet, vnd den gevangen niht ledigt, ſo ſol der Herre für ſi gelten, ſam ander gevangen ſchaden, vnd ſuln der oder di dannoch von dem Land vertriben ſin ewichlichen, daz ouch die ſätze als ſi hie verſchriben ſtent, ſtät beleiben vnd behalten werden, daz gebieten wir

wir den Herren bi dem Aide den ſi vns daʒ
Freiſing geſworn habent, Wir Ludwich vnd Ott
Herhʒogen von Baiern je vrchund, daʒ wir eʒ alleʒ
ſtát behalten, haben wir diſen Brief mit ſamt des
vorgenanten vnſers Herren des Biſchofs Inſigel von
Regenſpurch, mit vnſer baider Inſigeln verſigelt;
vnd ſol ouch diſer Brief ſtát beleiben an allen ſinen Ar=
tikeln in allen ſinen chräften, auf di nachſten
Lichtmeſſ mit der vordern Hantveſtt, die daʒ Freiſing
gegeben warb, des nachſten tags nach ſand Veits tag;
vnd iſt diſer Brief gegeben daʒ Ror, do von chriſtes
Geburtt warn tauſent zwai hundert vnd in dem nevnh=
zigiſten iar, des pfinʒtags nách ſand Michels tag.

(appenſum Sigillum.)  (appenſum Sigillum.)  (appenſum Sigillum.)

## XVI.
**B. Heinrichs zu Regenſpurg Theidigungs=
brief zwiſchen den Herzogen von Baiern.**

1291.
in Laden: 649 f:

Wir Biſchof Heinrich von Regenſpurch tůn allen
den chunt die diſen Brief anſehent, daß wir
alſo getaidingt haben zwiſchen der Fürſten Herzog Lud=
wigen, vnd Herzog Otten ſinen Vetern daʒ Regen=
ſpurg, des erſten; daʒ all geuangen ledig ſullen
ſin, ſwi die geuangen ſind an aller hand ſchaden
er ſi gevallen; oder in Burgſchaft; ſwelich Scha=
den letwedern Herrn wider varen iſt, die weil ſi in den
taiding miteinander daʒ Regenſpurg geweſen ſind, von
dem

dem weißen Suntag vnz auf den tag hiut, der sol vor andern schaden abgetan werden in vierzechen Tagen von dem hiutigen Tag. Man sol auch allen den Schaden ab tun der von Liechtmessen ergangen ist vnz auf den weizen Suntag von dem weizen Suntag vnß auf den Tag hiut, ez si der gevangen schade oder ander schade swi er genant si, vnd sol daz geschehen in vierzehen tagen von dem Tag hiut vnd sulen die Vißtum vor der Frist einen Tag mit einander suchen des si enain werdent, wurd aber der schade nicht abgetan so sullen darum laisten von Herzog Ludwiges wegen auz dem obern Wißtumamt ob si gemant werdent, Heinrich von Wildenstain der Vißtum oder swer Wißtum ist, Chunrad und Dietrich von Starzhaußen. von dem nidern Amt Fridrich vnd Otte die Hover vnd Ott von Chrandorf der Vißtum oder swer Vißtum ist. von Herzog Otten wegen aus dem obern Amt Albrecht von Straubing der Vißtum oder swer Vißtum ist, Gebhart von Hornpach vnd der Gibsdorfer der Brobst, aus dem Nideramt Albrecht von Straubing der vorgenant Vißtum, Fridrich von Gutting vnd Rudiger von Runting, und sulen dieselben Porgen in varen vnd laisten an den Stetten die an der vordern Hantvest genant sint, die daz Freising gegeben ist, des nachsten tags nach sand Veits tag in swelchem Amt Albrecht der Vißtum er gemant wirt, da soll er selber laisten, wird er von dem anderen Amt auch gemont, so soll für in laisten in dem obern Sifrid der Jude, in dem nidern, Eckprecht von Haidawe, umb dem schaden da vor über gesprochen ist, vnd vmb der geuangen Schaden die vor Liechtmesse gevangen sind sullen die Purgen vmb laisten von dem Suntag der nachst chumt über, vierzehen tag, die an der vordern Hantvest genennet sint, vnz auf die Liechtmezze vnd auch an den

M Stetten

Stetten die an derselben Hantvest geschriben steht, Wit
geben auch vmb den Schaden der noch vnverricht ist,
vnd da ι icht über gesprochen ist, vnd vor Liechtmezze,
vnz auf denselben Tag geschehen ist, ein Tag des Môn-
tags nach der Osterwochen, vnd swez man da suldich
wirt, da sol man um laisten von demselben Tag über
vierzehen Tag, und sullen daz die Purgen tun die um
den gesprochen schaden Purgen sind gewesen, vntz auf
die Liechtmezze, als ez an der vodern Hantvest stet, vnd
swelich Schade vms mit Schrift von dem Viztum ge-
antwurt ward ze derselben Zeit vmb Raub vnd vmb
Prant, den soll man vor andern Schaden abrichten,
daz auch die vorgenänten Herren ze erchennen
geben, daz si gutlich vnd friuntlich mit ein-
ander leben wellen, vnd ir Lant vnd ir Läut
mit Frid beschermen, so wellen wir daz diu Hant-
vest die daz Freysing des nachsten Tags nach sant Veits
tag geben wart, vnd die daz wir die no ze den lezten
nach den taiding datz Chirchdorf geschriben vnd gegeben
ward, vnz auf die Liechtmezze die nachst gewesen ist mit
allen den setzen vnd articklen die daran ergriffen vnd ge-
sezet sind, in ihr Chresten stet beleiben, vnz auf sant
Merteins tag der nächst chumt, daz auch zwischen der
Herren dieselbe Friuntscheft dester vestiglicher beleiben
mug, setzen wir, daz ir Baider Lant vnd Lait die weil
mit Frid, vnd allen gebresten stein sol, vnd daz man
die Strasse freilich varen sul, baiden Herren an scha-
den ir rechtez si sein in Chrieg oder on Chrieg, geschehe
aber in dehain schade von hinne vnz auf sand Merteins
tag, mit Raub mit Prant mit vanignuzze oder swie
der Schaden genent mag werden den sol man ablegen
nach den vordern Hantvesten vnd darüber sind die Por-
gen gesezet, von Herzog Ludwigs wegen aus dem obern

Am-

Amt Heinrich von Wildenstain der Viztum, oder swer Viztum ist, Chunrad von Wildenrode Eberhart von Greiffenberch, Heinrich der Judmann Winharb von Korbach der jung, aus den nidern Amt Chunrab des Paulsdorfer, der alt Dietrich der Wildenstainer, Ulrich der Marschalch von Lengenfelt Heinrich von Parsperch Ott der Ehrendorfer der Viztum oder swer Viztum ist. Von Herzog Otten wegen aus dem obern Amt Ortlieb von Walde, Chunrab der Prisihger, Reichker von Aham, Albrecht der Viztum oder swer Viztum ist. Heinrich von Prising, aus dem nidern Amt Ulrich der Druchsaß von Eckenmül Albrecht der Viztum Dietrich der Schench von Flugelsperch; Chunrat der Saielpoget vnd Friderich der Sigenhover, wer aber daß Albrecht der Viztum paidenthalben gemant wurd, so soll in dem obern Amt, Eif: der Frawenberger von dem Hag an siner Stat laisten, vnd in dem Nibern Amt Heinrich der Druchsaß von Eckenmul vnd in swelchen Amt der Viztum e gemant wirt, in demselben sol er selber laisten. Wir wollen auch, daß die Herren baid all Tot veintschaft zwischen ir Lauten friden sullen, an gewer, vnz auf sand Andres tag; der nachst chomt mit allem dem Recht, als ez an der vordern Handvest begrifen ist. Wir seßen auch, daz die an der vorgenanten Hantvest benent sind, auf die gemerch ritten sollen, vierzechen Tag vor Pfingsten vnd dieselben ausrichten sulen bis ausgenter Pfingstwochen, und auch die Herrn ein Tag miteinander suchen sullen, des Montags nach der Pfingstwochen bi der Abens. Wir behalten vns auch den gewalt, daz wir denselben Tach gelengen mugen nach vnser Beschaidenheit, ob der Herren ainer die vnmezze hit, daz er des tages niht gesuchen möcht. Wir wellen auch, daz Herzog Otte mit dem Korbecken daz er den Baue ab-

tue den er getan hat daz Goſſelzhauſſen, vnd fürbas
nicht bawe, diweil der ſatze werde, wir wellen auch daz
die Herren baid in vierzechen tagen von dem tag hiut vnſ
der Porgen Brief ſenden, di da hie nicht geweſen ſint
bi den taiding, daz ſi vns daran veriehen der Purg-
ſchaft, geſchicht das niht, ſo ſullen die andern Porgen
die da hie geweſen ſind laiſten, vntz daz es erge. wir
wellen auch vmb den niwen gebreſten der nu aufgeloſen
iſt, vmb daz Hauß, daz dem Stein, daz Vlrich von
dem Stein in aller der gewer beleib an derſelben Pu-
rig, da er enher inne geweſen iſt, und heut ditz Tags
iſt, vnz vierzechen tag nach Oſtern, vnd ſeinen Scha-
den, diweil verzich als er mog, vnd Herr Ulrich von
Abenſperch mit ſamt im, der vmb daz gelt Porig iſt,
war aber daz Herzog Ludwig an gevar dieweil bi dem
Land nicht war, ſo ſoll es in demſelben Satz ſten, vnt
auf ſein Widerchunſt, vnd darnach einen Manen, Ez
ſoll auch diweil Vlrich von dem Stein, dieweil zu dem
Herzogen Ludwigen reiten, vnd ſol verſuchen, ob er ſich
mit im verrichten mug vnd ſol Vlrich von Abenſperch
darzu dienen vnd helfen, und ſol Vlrich von dem Stein
di weil ſelb ſein Purig ſein Leut und ſein Gut in des
Herzogen Ludwig gelait vnd ſchern ſein. Swi auch die
vordern Hantveſt ſtat ſullen beleiben doch ſullen vmb
den chunftigen Schaden die niwen Porgen laiſten, vnd
nit di alten. Wir behalten vns auch den gewalt, ob icht
ze Chrieg wurd an bißer gegenwurtigen Hantveſt, ſwaz
wir darüber ſprechen, oder ſwi wir ez belaetten, daz ſoll
als ſtet beleiben, daz auch die Herren allez daz ſtet ha-
ben, waz hi verſchriben iſt vnd behalten, daz gebiet-
ten wir in bi dem Aid, vnd ſi vns geſworen habent,
vnd ſullen ſchafen, daz ez alle ir Dienſtman Diener und
Leut ſtet behalten ſwi ſi genant ſein. Wir Herzogen
Ludwich

Ludwich vnd Otte verieben auch, daʒ wir alle bi Eck, bi an dißem Brief vorgeschriben steint stat behalten welsen, vnd haben deʒ ʒe einen Vrchunt difen Brief mit samt deʒ Bischof Jnsigl von Regenspurg mit vnser baider Jnsigl versigelt. Der Brief ist gegeben daʒ Regenspurg da von Christes geburt waren Tausent zwaihundert Jahr, vnd in dem ain vnd Neunʒigisten Jar, des Samßtags vor vnser Frauen tag in der Vasten.

(S. A.)      (S. A.)      (S. A.)

## XVII.
**B. Heinrichs zu Regenspurg zweeter Theidigungsbrief zwischen den Herzogen von Baiern.**

1 2 9 1.

92. Schublade, No. 6522..

Wir Bischof Heinrich von Regensburg, tun allen den chunt, die dißen Brief ansehent, daʒ wir zwischen der Herzogen von Baiern, Herzog Ludwigen und Herzog Otten sinen Vettern an sand Johanns tag Euangelist, als er in das Oel gesezet ward, also getaidingt haben, daʒ Regenspurch, nach des Burggrauen Rat von Nurinberch, der bi den talding war. Des ersten, daʒ alle die Hantveste, die zwischen in gegeben sint seit Herzog Heinriches Tod dem Got genad, mit allen iren saeßen und Artickeln die daran begriffen sint, stat, und in ir chreften beleiben sulen, unʒt auf sand Martins tag der nachst chumt, als es begrifen ist an der lesten Hantveste die daʒ Regenspurch gegeben ward, an

M 3                                    vnßer

vnßer Frawen Abent in der Vasten, der satz soll doch nit schaden der Handveste vm die Schiedunge die sie nach Minne, oder nach Rechte vm alle Sache als da geschriben stet, an vns gelazzen habent. sie sol stat beleiben vnz auf ir Zill. Wir wellen auch daß alle gefangen ledich sin on allen Schaden, und soll daz ergehn in vierzehn tagen, Es sullen auch die Herren niht gewaldes haben dhein Frist lenger zegeben weder vmb die gevangen, noch vmb ir Schaden. Wir wellen auch, daß die nidern Viztum einen Tag miteinander haben an der Mitichen in der Pfingstwochen daz Regenspurch und des ersten abrichten, üm Raub und umb Prant, und von dem Tag reiten auf die Gemerche, und die ausrichten, als es an der vordern Handvest stet, die daß Freisinge gegeben ward. Wir wellen auch, daß die obern Viztum des nächsten tages nach dem Sunwentag, einen tag haben sullen zwischen der Haligenstat, und Wildenberch, vnd miteinander abrichten vmb Raub und vmb Prant, und von dem Tag reiten auf die gemerche die in ir amten sint, und die ausrichten nach der vorgenanten Hantvest. Wir wellen auch, daz weder der Richter von Dachawe, noch der Richter von Cranichsperch noch anders nieman in den gerichten die in Chrieg sind ihr richten sullen, untz auf den nachsten Tag den di Herren miteinander haben sullen in baiden an Schaden als es an der vordern Hantvest stet. Es sullen auch die Herren ainen Tag miteinander haben, des nachsten tags nach sand Jacobs tag zwischen der Nuwenstat, vnd Wildenberch also daz der Tag daz Chirchdorf sei. Daz auch die Herren lieblicher und vruntlich miteinander leben, und ir Leut vnd ir Land mit Frid und mit genaden haben, unz auf den vorgenanten sand Merteins tag

des

bez namen und bitten wir ſi mit Fleizze, und gebieten
in es bi dem gelübde als ſi ſich unter vnſ Biſchof Hein-
rich verbunden habent: war aber, des Got nicht ge-
be, daz die weil dehein Schade mit Raub oder mit Prant,
oder mit Vanchnuß oder ſwie der Schad genennet mach
werden ergienge, den ſol man abtun. in vierzehen tagen
nach der vorgenanten Handveſt, und ſullen die Her-
ren nicht gewaltes haben Priſt darumb zegeben, man
ſull darumb laiſten, und den Schaden bezzern nach der
Hantveſt, Wir behalten vnſ baiden auch den gewalt,
oder unſ Biſchof Heinrichen, ob der Burggraf dabi
nicht mach geſin, daz wir der Herren oterder Vitztum
Tage gelengen und aufgeſchieben mugen nach vnſer
Beſcheidenheit an gevárde, ob der Herren eintwederer
die weile bi dem land nicht enwár oder der Vitztum
einen ehehaft noth irret, daz man der Tage nicht geſu-
chen mócht, vmb des Brandenbergers Gut daz der
Frawenberger von aibling bechlagt hat vor des Herzo-
gen Ludwiges Richter, ſetzen wir daz daz ſelb gut de-
hein Recht dulden ſul, wann vor der Herren beider
Rath, vnd ſol in der gewer ſin als er her geweſen iſt.
Wir Herzog Ludwig und Otte verjehen auch, daz wir
alle die Satze die der vorgenant vnßer Herre der Bi-
ſchof Heinrich von Regenſpurch zwiſchen vnſ geſetzet
hat, als an dißem Brief vorgeſchriben ſtet ſtat behal-
ten wellen, und haben des zu einen Vrchunde dißen
Brief mit ſamt des Biſchofs Inſigl mit vnſer baider In-
ſigl verſigelt. dißer Brief iſt auch gegeben ze Regenſpurch
da von Chriſtes Geburt waren 1291 Jahr an des vor-
genanten ſand Johanns tage.

(S. A.)     (S. A.)     (S. A.)

XVIII.

## XVIII.

B. Heinrichs zu Regenspurg dritter Theidigungsbrief zwischen den Herzogen von Baiern.

1 2 9 2.

92. Laden. No. 6485.

Wir Bischof Heinrich von Regenspurch, tun allen den chunt di dißen Brief ansehent oder hörent lesen, daß vnser lieb Herren der Herzog Ludweich Pfalzgraf von dem Rein Herzog von Baiern, vnd sin Vetern di Herzogen Ludwich vnd Stephan also von an ander geschaiden sint mit taidingen da ze Regenspurch an den nachsten Mitichen vor sand Gregorien tach, daz diselben Herzogen lieblich vnd guetlich mit einander leben sulen, vnd einen Fried miteinander haben, für sich für alle ir Helfer vnd Diener si sin hoch oder nider, vnd auch schaffen, daz ir Leut vnd Lant in guten Frid beleibe, vnß vzgenter Osterwochen vnd sulen die jungen Herzogen Herr Ludwich vnd Herr Stephan ze hant ir endelichen Poten zu ir Bruder dem Herzogen Otten mit samt vnser Potschaft senden, vnd allen ir Fleizz darzu tun, daz der Herzog Otto erwind an des Herzogen schaden von Oesterreich, vnd den vorgenanten Herzog Ludwigen ir Vetern dißer taibing gewaltlich mache zwischen sin vnd des Herzogen Al: von Oesterreich, swaz si gegen einander ze sprechen habent für sich, vnd für alle ir Helfer vnd Diener, vmb alle di gebresten, di zwischen in vnter dißen Sachen vfgestanden sind, vnd soll auch der Herzog Ludwig sinen Poten mit samt demselben Poten,

zu

zu dem Herzog Otten senden, und sol der in der zwaier Herzogen gelaitte varn sicherlichen dar, und dann well auch der Herzog Ludwich sinen Poten senden um die vorgenanten taidinch zu sinen Swager dem Herzogen von Oesterriche der sol auch in baider Herzogen gelaite sin, swa man den Herzogen von Oesterriche vindet uf und ab, wer aver daß der Herren aintweder er, diweil sinem Freund helfen oder des andern Schaden werben wolt ob er gemant wurd sam der Herzog Ludwig sinem Swager dem Herzogen von Oesterriche oder bi jungen Herzogen dem Herzogen Otten ir Bruder oder ob in ir Diener und Leut beholfen wolden sin, daz soll dem vorgenanten Frid nicht schaden untz si uns daz chunt tun mit ir Briefen, und darnach über zehen tach, iz ist auch hie vertaidinget, daz iedweder er Herren gevangen ledich sullen werren biz Mittervasten an schaden, und sol man uns die hie geschriben antwurten, swa si gevangen ligen, oder swa man si wizze unverzigen der man nit enwaiz wa dieselben sint, di sol man uns auch vor Mittervasten mit schrift antwurten, ez sullen auch alle Strazze und Weg itwederthalben, di emalen an Chriech gewesen sint offen sin in aller der Freiung als si enher gewesen sint, und sol man freilich varn durch die Land und sicherlich, war daz iemant deheinen schaden tat, so soll der Herr des Diener den Schaden getan hat schaffen, daz iz wider getan werd in vierzehen tagen, tat des der Herre nicht, sol soll er sin selber gelter sein alle Weintschaft; und besunderlich alle Tod veindtschaft sullen in Minne steen, untz nach Ostern über vierzehen tag und gaerlichen umb Herrn Ul: den Truchseßen von Eckenmul: den Zwarzenwurger. Herrn Al. von Strobing Herrn Karel von Verw den Prenwerger und Oten von dem Hof, und sullen bi Herren diselben Weintschafte

M 5          friden

friden an geverd vnd schaffen daz dehein gebreste darez
werde man sul auch dem Herzogen Stephan di Chirchen
daze Gozzoltzhaußen in antwurten vnd sol er schafen biz
Mitterfasten als er dem Herzog Ludwigen sinen Vetern
geheizzen hat swaz jewer gerichtet ist, daz daz zebro-
chen werd, iz si uf der Chirchen oder vm di Chirchen
vnd daz biu Chirche in allen den satz wider chom, da
si emalen inne gestanden ist, di Bitztum sullen auch iet-
wederthalben enhalb Tunawe vnd dißhalb Tunawe bi
obern von dem Suntag der nachst chumt über vierze-
hen tag zwischen Arding vnd Swaben, die nidern von
dem Montag der nachst chumt über vierzehen tag zwi-
schen Chame und Weterveld zesamen chommen, vnd
sullen verrichten swaz si gebresten vindent swaz si wenent
daz den Herren vnd dem Lande gut si, swes aber sie
nicht verrichten mochten, daz sulen si setzen untz über
vierzehen tag nach der Osterwochen also daz iz diweil
an gebresten beleibe, daz auch disiu taidinch stat beleiben,
haben wir und di vorgenanten Herzogen disen Brief
gegeben ze Vrchunt versigelten mit vnseren des Herzo-
gen Ludwiges, und der jungen Herzogen chleinen In-
sigeln, der Brief ist gegeben da ze Regensburg do von
Christes Geburt waren 1292. Jar des nachsten Pfinz-
tages des sant Gregorien tach).

(S. A.)    (S. A.)    (S. A.)

XIX.

## XIX.

**Bischof Heinrichs zu Regenspurg vierter Theidigungsbrief zwischen den Herzogen von Baiern.**

1293.
93. Laden. No. 6492.

Wir Bischof Heinrich von Regenspurg tun allen den chunt di dißen Brief sehent, oder hörent lesen daz wir mit dem gewalte der vns von dem Herzog Ludwigen vnd Herzog Otten mit samt ir baider Ratgeben von in gegeben ist vmb des Landes Fride, vnd vmb ir baider Liebe vnd Vriuntschaft, mit gemainen Willen vnd Rat diße Säße gesetzet haben. als hernach geschriben stet, vnd als dieselben säze ganz vnd vnzerbrochen sullen beleiben des ersten haben Wir gemainchlichen gesprochen, vnd setzen also, Ez sullen alle gevangen ledich sein, swie oder vmb swen si gevangen sin an schaden, si sein ein Vanchnussen oder ein Borgscheften; geschach das nicht ein acht tagen von dem Suntag der nachst chumt, so soll der Herzog Ludwig seinen Sun Herrn Rudolfen in senden daz Dachawe vnd der Herzog Otte sinen Bruder Herrn Ludwigen daz Mosburch nimmer danne zechommen vnz ez geschehe. Ez sullen auch di gevangen dehein ander gewißheit tun, wann daz si sweren sullen, daz si auf den Tach chommen den di Herren nachst miteinander haben sullen vnd denne alle die sune volfüren der der Bischof vnd die achte eneine werdent. Ez sullen auch die Marchläute ietwederthalben die hie engagen sint vor vns, die hie niht sint in vierzehen tagen vor ir Herren oder ir Vizrumen

gegen

gegen einander sweren, daz si den Satz state haben, vnd an einander beholfen sein daz der Satz state beleibe, von dem tage hiute vntz auf sand Marteins tage der nachst chumt, vnd danne über ein Jar, vnd sulen in den Aid nehmen swer daz übervert, auf den sulen die andern beholfen sin. bedarf der Herren einer des anderen Hilfe, hintz den di den Satz übervarent, so sull der Herzog Ludwig seinen Vettern dem Herzog Otten sinen Sune Herzog Rudolfen senden, vnd der Herzog Otte sinen Bruder Herzog Ludwigen mit aller der Macht, vnd si mugen auf den, der disen Satz brichet, und sulen an einander beholfen sein, vntz er gebessert, swaz er wider den Satz getan hat, und darüber, swer dißen Satz übervert, den soll der Herre des Diener er ist, siner Pflechnuzze ze Hant entsetzen, also daz er dehein Pflegnuzze niht haben sol, noch Hauptman sein in dem Lande, dieweile disser Satz wert, Swelich Herre aber daz brache, deß Sune oder Bruder sol laisten an den Stetten als vor gesprochen ist. Ez soll auch der Vischof und die Achte vollen gewalt haben, alle Marchleute entsetzen, swene, vnd als of si daz dunchet, daz si di Satze niht behalten, Swer auch also entsetzet wirt, der sol nimmer Hauptman werden, dieweile der Satz wert. Wellent aber di Herren einen Marchman setzen, der sol in die Pflechnuzze niht chommen, er swere dann e an des vordern stat, sweldhs aber übervaren wurde vnter dißen zwaien sachen, so sulen die jungen Herzogen laisten. Ez soll auch dehein Herre des andern Diener niht innehmen swie er genant ist, hohe oder nider, edel oder unedel die weilen dirre Satz stet, geschach des niht, so sol man aber laisten als vor geschriben ist. Alle Strazzen sulen geofent, vnd gevreiet sin über all Baiern auf dem Lande, auf den Wazzern, ze Wegen ze Stegen, Lant, Lauten, vnd Gesten, vnd swer durch daz

Lant

fant varen wil, war aber, oder wurd icht ze Chrige vmb die Strazze, da fol der Bifchof und die achte über fprechen auf den nachften Tage, Swaz auch in einen Jar ergangen ift, auf dem Lande oder auf den Waz* zern fo fol der Herre in des gebiet es ergangen ift, fchaf* fen daz die den felben fchaden felb bezzern, die die getat getan habent auf den nachften tage, gefchach des nicht fo foll ie der Herre den Schaden felb gelten, darnach ein vierzechen tagen, oder die vorgenanten Herren folen in varen, und laiften an den Steten als vor gefprochen ift. Man fol auch auf den nachften Tage vor allen fachen ablegen, swaz in dißen taidingen ze Regen* fpurch feit des Weizzenfuntages vnz an den ochten tach hin nach fchaden gefchehen ift, vnd darnach ze hant fol vmb die Strazze daz nachft sin, Man sol auch des Rorbechen Hauß finen Vettern Herrn Winharten oder finen Sune Winharten in geantwurten in vierzehen tagen, oder fiven der Bifchof fchaffet, ob fich fein die niht unterwunden wolden, inne zehaben vnz ze angen* der Pfingstwochen vnd fol der Rorbeche auf den nach-ften tage den die Herren miteinander habend dem Her-zog Ludwigen minne vnd Recht tun um alle Sache im, vnd den finen alfo swem die Getat geualle ze bereden, daz daz gefchehe mit den Lauten die bey der getat niht gewefen fin, vnd di fin aigen nit fein, hat aber man dem Rorbechen deheinen fchaden getan, fo fol der Her-zog Ludwich fin amptlaut da zu fchafen, daz man im vnd den finen minne vnd Recht alfam herwider tu mit demfelben rechte, vnd auf demfelben tage, fagt aber der Bifchof daß der Rorbeche deß niht entate, fo fol man das Hauß dem Herzog Ludwigen in geantwurten, belibe aber daz an dem Herzog Ludwigen, und fprache der Bifchof daz er daz recht niht tun wolte, fo fol man

dem

dem Rorbechen daz Hauß wider geantwurten. Ist, daz man daz Hauß antwurtent wirt, so sol man es baiden Rorbechen Heinrichen vnd Wernherrn in geantwurten ein allem dem rechte vnd ein aller der gewere alz si ez inne hetten, e ez in dez Herzogen Ludwigen gewalt chomen. ware aber daz der Rorbechen einer dem andern iht tun wolde denn minne oder Recht swes die Schulde ware, auf den sulen beide Herren beholfen sin vnd sulen in dazu bringen, daz er minne oder Recht tu die Herren sulen auch einen tach miteinander haben zu ausgender Osterwochen bei der abense zwischen Chelham vnd der Saligenstat, und sullen die achte mit in dahin bringen die sulen auch da sweren vnd sol der Bischof auch da richten, swes er mit sampt den achten den enaine wirt vnd sulen die Herrn loben swelich gewißheit der Bischof vnd die achte an si aischent damit alles daz stete beleibe daz da getaidinget wird, daz si die vollfüren. Geschach aber daß der Herren Diener einer den Satz überfüre enniten vor dem tage in swes Pflege daz geschach der sol daz in vierzechen tagen ablegen mit minne oder mit rechte; tat er des niht, so sol man den Herren manen daz er schaffe, daz ez in vierzechen tage geschehe; tate er des aber niht, so sol der Herre den schaden selb gelten; vnd sol denselben siner Pflege entsetzen dieweile der satz wert, ware aber daß der Herzog Ludwich der junge in deheiner anderen Borgschaft ware darumb er vor mutest laisten, so sol es der Herzog Stephan sin Bruder an siner stat tun, swenne er von der ersten laistunge ledich wirt, so soll er es selb tun. Ez sulen auch di Herren baide alle töde Veintschafte friden, vnd Friden halzzen vntz auf sand Walburgen tach. daz auch die Satze ganz state, vnd vnzerbrochen beleiben, als wir si mit sampt den achten gesetzet haben, dez haben wir

dißen

dißen Brief ze Vrkhunde gegeben, vnd mit vnsern Insigl versiglet, vnd ist daz geschehen ze Regenspurch do von Christes Geburt waren 1293 Jar dez nachsten Samßtag vor sant Mathys Tag der der heiligen zwelf Poten einer ist.

(S. A.)

## XX.

### Der Herzoge von Baiern Anlas auf Bischof Heinrich von Regenspurg.

1293.

Wir Ludwich vnd Ott von Gottes Genaden Pfallenzgrafen ze Reyn Herzogen ze Beiern, tun allen den chunt, di dißen Brief ansehent oder hörent lesen, daz wir Ludwich für vns vnd für vnser Man Dienstman Diener vnd Lewt, swi si geheizzen sint wegen ein halbe, vnd wir Ott für vns vnd für vnser lieb Brüder Ludwigen vnd Stephan, vnd für vnser Mann, Dienstmann, Dienner vnd Lewt swie si genant sint andenthalben, aller der Sach vnd Ansprach die zwischen vns Herzog Ludwigen vnseren vorgenanten Mannen Dienstmannen vnd Lewten, vnd zwischen vns Herzog Otten in vnseren vnd vnseren vorgenanten Brüdern namen vnd vnseren Mannen Dienstmannen Dienern vnd Lewten swie si geheizzen sint ietwederthalben vf gelofen vnd gestanden sint dieweil vnd vnser lieber Vater weilent Herzog Heinrich dem Got genade, lebt, vnd auch nach sinen tode, vnzt auf den heutigen nächsten Pfintz-

tag vor sant Mathie tag an unsern Herrn Bischof Heinrich von Regenspurch, als an einen Richter vnd Schidman gegangen sin. Ez sei vmb eigen oder vmb Lehen, vmb Raub vnd vmb Brant vmb gelt, vmb Todsleg vmb Vangnuzze oder vmb anderlei Sache, swie sie genant sint, oder genennet mugen werden, an vmbe die Sache, di vnser Fürstenamt angeent, daz vmbesten sol, als vor verschriben ist. Vnd haben in den Gewalt gegeben, vnd auch vns vnd allen den vorgenanten vnd auch die wir baidenthalben, durch Dienst oder durch Recht versprechen sulen hinder in verbunden die Minne vnd daz Recht zwischen vns vnd den vorgenanten zetun, und auch daz wir im baidenthalben vnd di vnsern Minne vnd Rechtes gehorsam sulen sin, vnd selbe leisten von vnsern wegen, vnd schaffen von der andern wegen, swaz er mit Minne oder mit Recht verrichtet, daz es geleistet wert. vnd baidenthalben an einander beholfen sein, daz ez volfürt wert. swelich gewißheit auch er darüber setzet, daz ez vollfürt wert, die sullen wir baidenthalben tun. Ez hat auch der vorgenant Bischof von vnsern des Herzog Ludwigs wegen, vnd mit vnsern guten willen Chunraden von Wildenroden vnsern Marschalck, Dietrich von Wildenstein, Chunraden von Eglingen, vnd Heinrich den Judenmann, vnd von vnseren Herzog Otten wegen vnd gueten Willen, Graf Albrechten von Hals, Ulrich von Abensperch, Graf Pernger von Schonberch, vnd Chunrad von Prisingen zu im ze taidingern genohmen vnd haben auch denselben achten ganzen Gewalt geben mit samt im die vorgenanten Sache ze enden, vnd zu verrichten mit Minne oder mit Recht vnd haben auch die achte gesworen ze den heiligen, daz si weder durch Lieb oder durch Lait noch durch vorchten an gevärbe vnd an
alle

alle übel sisté, dem vorgenanten vnsern Herren dem
Bischof beholfen sein, die vorgenanten Sache zwei
richten mit Recht oder mit Minne, vnd habent in den
Ait beschozzen, daz nieman vnserm Herren den Bischof
noch anders ieman vnter in selben melden, noch sinen
Herren sagen soll, wänn als vcrrr im daz der Bischof
verlöubet, war aber daz der achten diner nicht ennrät
des Got nicht engeb, oder bei den taidingen an geberde
nicht gesin mecht, so soll der vorgenant Bischof einen
andern an desselben stat geben der soll auch der vorge-
nanten taidingen sweren, als di andern getan habent,
swelich auch er unter den vorgenanten sachen vor oder
nach will verrichten oder hinfür oder her hinder setzen,
dez hat er gänzen Gwalt. Vmbe die sache auch alle
die fürbas ergehen mugen, vnd ergeht, stet es auch an
dem vorgenanten vnsern Herren dem Bischof vnd an
den achten. swaz er an Bezzerunge, und an gewisheit
jerat wert. daz daz geschech, vnd daz man im des
baidenthalben gehorsam si. Es hat auch der vorgenant
vnser Herre der Bischof ganzen Gwalt tage zegeben ze
churzen, vnd zelengen, vnd soll dieser Satz stat belì-
ben mit allen seinen Artickeln von hin ontz hu, vf sant
Märteins tag, vnd darnach über ein Jar, vnd daz wir
denselben Satz, als er vor geschriben stet, stat behalten,
haben wir vnsern vorgenanten Herren dem Bischof vnser
triwe in sin Hant gegeben, in eides gewis, ze einen Vr-
chunde auch vnd ze einer vesten Statigunge haben Wir
dizen Brief mit vnseren Jnsiglen verinsigelt, vnd ist daz
geschehen ze Regenspurch, da von Christes Gebuert wa-
rent 1293 Jar des vorgenanten Pfinztages vor sant
Mathias tag.

(S. A.)   (S. A.)   (S. A.)

## XXI.

**Bischof Heinrich von Regenspurg fünfter Theidigungsbrief zwischen den Herzogen von Baiern.**

1 2 9 3.
92. Laden, No. 6509.

Wir Heinrich von Gottes Gnaden Bischof zu Regensburch, tun allen den djunt die disen Brief sehent oder hörent lesen, daz wir mit dem Gwalt, der vns von Edeln Herrn Herzog Ludwig, vnd Herzog Otten von Baiern mit sampt ir beider ratgeben von in gegeben ist diße satze gesetzet haben, als si hernach geschriben sint mit achten ir gesworns Rates dem Lande ze Frum vnd ze Fride. Wir setzen des ersten, daz die Leischaft, vnd alle Pfafhait ir alt Freiheit vnd ir alt Recht haben, vnd daz nieman die Gottshauß vnd ir laut vnd ir Gut für den Vogt oder yeman ze laide noch für ieman anders pfende oder raub oder prenne swer daz darüber tut wirt er dez überzeuget vor dem Richter als recht ist, den soll man in die Acht tun, vnd sol in daruz niht lassen, er gelt danne den Schaden drist vnd als tiwer er ist, vnd sullen die zwai tail dem Gotshauß werden, vnd daz drittail dem Vogt, vnd darumb sol er dem Richter ze Wandel geben funf Pfunt an ander Pen, di hernach geschriben stent. Ez ensol nieman richten über die Widme dann der Bischof in des Bistum si sint. Dazu setzen wir, daz die Gevangen iedwederthalben vmb swen si gevangen sint vnz auf den heutigen tag ledich sin an schaden. geschach des nicht von hieut in vierzehen tägen, so sulen wir Bischof

schof Heinrich den Herren; der daz überváren hát, ma̍hen, vnd ist daz, daz man daz in vierzechen tagen niht widertut, vnd di gebangen niht geledigt an Schaden nach der Manung in vierzechen tagen wirt daz überváren von Herzog Ludwigen wegen, so sulen sin zwen Sun Herr Rudolf vnd Herr Ludwich hintz dachhwe varen, vnd dá laisten vnd ir geschworns Rates vier mit in als lang vnz die gevangen, ir sei ainer oder mehr, an schaden ledich werden, vnd sullen auch dieselben zwen Herren, noch die vier di mit in in den laisten sint dehein Naht von dann sin, wirt aber ez von Herzog Ott wegen überváren so sol man in darum manen als hí vorgeschrieben stet, vnd werdent si darnach niht ledich in vierzehen tagen so sulen sin zwein Brüder Herzog Ludwich vnd Herzog Stephan daz Mosburch laisten, vnd ir gesworen Rates vier mit in als die vodern, also daz si ouch in dem laisten dehain naht von danne sin, ist aber daz di vorgenanten Herren mit Hauf sint in den vorgenan̈ten Stetten so sullen die Herzog Ludwiges Sunë beide laisten daz Wolfrathaußen vnd Herzog Otten Bruder beid daz Wolfstain vnd sulen Herzog Ludwiges Sun diweil daz laisten werde hintz München niht chommen noch Herzog Otten Bruder hintz Landshuth. Dazu sezen wir, ob ein Raub in eines Herren Lande in des andern gefurt oder getriben werde für daz derselbe Raup in dezselben Herren Lant oder in sin gebiet chumt, so sol er in selbe gelten oder er sol schaffen, daz er ganzlich wider werde, war daz des nicht geschach; so sulen die Herzogen beide schaffen mit dem Richter in des gebiet der Raup gefurt oder getriben wirt; daz er laist mit zwain Ritter, oder mit zwain Ritter mezzigen chnechten swenn er gemannet wirt, vnd so daz geschehen für daz der Raup geschicht, vnd darnach in vierzehen tagen; also ob es in den obern Vitztum amten geschiht, so sulen die Herzog Ludwiges Richter mit ir geverten, daß Landshut laisten, vnd die Herzog Otten daz München, geschach aber es in den nidern Viztum amten, so sulen die Herzog Ludwiges laisten daz Cham, vnd die Herzog Otten daz Nappurch. Geschach daz also niht in vierzehen tagen, so sol man die jungen Herren swedert halben der gebrest ist, darumb manen, vnd sulen si laisten an den Steten, als oben vf geschriben ist, als lang vnz si die Richter vnd ir geverten dazu bringen, daz si laisten, als hie vorgeschriben ist vnz daz der Schade genzlich widertan werde. wir setzen auch swer in aintweders Herzogen Hof di weil si bi einander sint einen Man ze Tod slecht mit Mutwillen der sol eintweder herre fürbaz nimmer mer in daz Lant chommen lazzen, vnd sol sinie lehen leihen, der si ze recht leihen sol, vnd sines aigens sol sich der Landherre unterwinden. vnd sol er ewichliche von dem lande vertriben sin, vnd siniu chint vnd sin Haußfraue alles gutes enterbet sin. Ist aber, daz er in an den Weg sleht, da er zu den Herren oder von den Herren reitet, ez si vmb Tobvintschaft oder vmb ander Sache, so sol ez darumb sten als hievor geschriben stet, Er bewer dan mit drien seiner genozzen, daz er ez niht enwest, daz er hintz Hof oder von Hof rit vnd beredet er sich also, so sulen siniu chint vnd sin Haußfrau niht enterbet sein, er sol aber von dem Lande ewichlich vertriben sin, wirt aber er gevangen so soll man über in richten als Recht ist, vmb ander Wunden die zu dem Tob oder zu der lem geziehent, so dasselbe geschehen aber vm chlainer Wunden sol in der Herre haiz ze prennen swaz er hat, vnd sol ein Jar aus dem Lande sin, vnd fürbaz stet ez an des Herren genaden, swer aber einen Man sleht in aintweders Herren Hof den

sol

sol der ander nit behalten noch behausen er chom danne beflohen zu im, so mag er in behalten vierzehen tag vnz er sich der sache erbar, vnd ob er in gehuldigen mug. Ist aber daz er im lenger behalt oder in ze behalten geit in deheiner siner gebiet so sull man die jungen Herren manen vnd sulen si laisten an den Steten als vorgeschriben ist, als lang vnz er denselben man lozze varen vnd daz land raum, war aber daz er ein Purch hit, vnd sich wolt setzen gein dem Lantherren, oder daz in anders ieman behielt, so soll in der Herre besitzen in des lande er gesezzen ist, vnd sol im der ander beholfen sein, ob er sin bedarf, vnz si in von dem land vertriben, swelcher auch unter den Herren daz überfur, so sul man aber die jungen Herren darumb manen, vnd sulen si laisten als e geschriben ist. Wir sezen auch ob dehein Graf, dehein Frey, dehein Dienstman, dehein Hofpsaf oder dehein Viztum geuangen werde, daz in die Herren baid ledigen sulen in vierzehen tagen, geschach aber des niht, so sulen die jungen Herrn laisten darumb laisten, als vor geschriben ist, war aber daz der Herre in des gebiet er geuangen wert, in mit ernst besazze, so sulen die Herrn die weil des laistens überich werden vnd sullen auch die Herren des aneinander beholfen sein, ob sin der ander bedarf. Geschach aber, daz ein ander Edelman ein Purger ein Chaufman oder ein ander arm Mann geuangen wurde, so sol der Richter in des Gebiet er geführet oder gebandet wirt, schaffen, daz er in vierzehen tagen ledig werde an schaden, tat er des nit, so sol er laisten als vor von den Richtern geschriben ist, Ist aber daz der Herren ainer, oder ir Diener ainer fluer ein Purch, ein Stat, oder ein ander Vest, so sulen die jungen Herren als lang laisten, swenn si gemanet werdent, als vor geschriben ist, vnz ez widertan werde an schaden. Alle Strazze solen geosent, vnd gefreiet sin übee ʒu Baiern auf dem Lande, auf den Waʒʒern, vnd ſwer durch daʒ Lande varen will. war aber daʒ der Herren aintweberen auf des andern Strazʒe dehein ſchad ge-ſchach, von Raub oder von Pfantung daʒ gein hundert Pfunden Regenſpurger geʒug oder mer da ſulen (die ſu-len) die jungen Herren vmb laiſten, als vor geſchriben iſt, vnʒ eʒ widertan werde, iſt aber der ſchade hinder hundert Pfunden ſo ſulen ir geſworen Rates vier dar-umb laiſten, ſwenn wir die Herren darumb manen, und ſchaffen eʒ di Herren niht daʒ es geſchehe in vierʒehen tagen, ſo ſulen die jungen Herren darumb in varen als vor geſchriben iſt, ſwenne ſi gemanet werdent, geſchach aber daʒ ein Herre dem andern er. oder ſin Diener ſin gelait brach, ſo ſol der Herre in des Land eʒ geſchehen iſt, ſchaffen daʒ es in vierʒechen tagen widertan werde, geſchach deʒ niht, ſo ſulen die jungen Herren darum laiſten, ſwenn ſi gemanet werdent als vor geſchriben iſt, vnd ſwenn daʒ laiſten geſchicht, ſo ſoll man den ſchaden der dannoch auʒ iſt, mit der zwigult gelten, iſt aber daʒ der Herre in beſitʒet, oder ſinen ſchaden genʒ-lich wirbet, ſo ſulen die jungen Herren darumb di weil niht laiſten, vnd ſulen di Herren des aneinander behol-fen ſein. Wir ſetʒen auch, daʒ nieman in dem Lande dehein gelait geben ſol, danne die Herren ſelbe oder dem ſi eʒ beſonderlich enpfellent, über ſwie emalen geſprochen iſt, ſwer des geinnern mag mit ʒwain ʒu im ſelben, daʒ eʒ nit behalten, oder widertan ſi, ſo ſol der Richter in daʒ gebiet eʒ geſchehen iſt, ſchaffen, daʒ eʒ widertan werde in vierʒehen tagen. geſchach daʒ nicht ſo ſul der Richter laiſten, als vor geſchriben ſtet, in den obern Viʒ-tum amten vnd in den nidern, und ſchaffent di Herren niht, daʒ daʒ geſchach, ſo ſulen die jungen Herren da-rumb laiſten, als vor geſchriben iſt. Eʒ enſol auch nie-

man

man auf deheiner Vogtey niht nemen oder pfenden, swer daz überwert, so sol der Herre, in des Land er ist, denselben zwier als tiwer haizzen pfenden und dieselben Pfande als lang inne haben vnz daz den lauten ir schaden genzlichen werde abgetan, Ist ez aber ein Vogten, die Gotshäußer vnd Pfaffen angehörent, so sul wir in zu der Pen die hie vorgeschriben ist, in den Pan chunden, wan er vor darumb in des Pabstes Pan geualen ist, vnd sulen vnf die Herren dazu beschirmen, Ez sulen auch die Marchleut die noch niht gesworen habent den satze ze behalten nu ze diser zeit hie ze Regenspurch swern, die aber hie niht sint, sint si Herzog Ludwiges so sulen si bis sand Hameranes tach daz München vor dem Herzog swern, vnd sol da bi sin einer aus des Herzog Ott Rat, Sint aber si Herzog Ott, so sulen si daz Landeshuth auf demselben Tag sweren, vnd sol einer aus Herzog Ludwig Rat auch dabi sin, geschach des niht swelcher Herre daran schuldig war, desselben Ratgeben sulen vier laisten an den Steten, als vor geschriben, stet von den Richtern swenn si gemanet werdent, vnz ez geschehe, schuffen aber die Herren des niht, so sulen die jungen Herren darumb laisten als e. Die Wandel von fünf Pfunden vnd sechzig Pfening sulen absin, aber die Wandel von fünf Pfunden die sulen sten, sam vmb die Hant vnd vmb Augen. Vmb haimsuchung datz siner Purg, daz sinem Hauß oder daz sinen Hofe sulen dem Chlager der daz behalt geuallen zehen Pfunt vnd dem Richter fünf Pfunt, vmb die lem dem Richter ein Pfunt dem Chleger zwelf schilling vmb sachhaft Wunden ein Pfunt, vmb über Eren vnd Nacht etzen dem Richter zwen vnd sibenzk Pfening vnd den schaden bezzern als Recht ist. Vmb Zaun brechen dem Richter

zwelf Pfennig, vnd den schaden bezzern als recht ist.
Wir sezzen vnd wellen auch daz dehein Richter iht mer
hab dann sechs Pfarht, vnd der Scherig eins vnd
als oft der Richter daz übervert, als oft soll er seinen
Herren geben zehen Pfunt, vnd der Scherig fünf Pfunt,
vmb schedlich leut sezzen wir also daz nieman in dem
Lant er si Graf, Frey, Dienstman, Biztum oder Rich-
ter oder swi er geheizen si, deheinen schedlichen Man
behalten sol lenger dann vierzechen tag, Ist aber daz er
in lenger dann vierzechen tag behaltet nach dißen satze,
so sol der in da behalter dem Herren vnd dem Lande allen
den schaden ab tun, der fürbaz von Im geschicht, aber
um den schaden, den er vor dißen satze getan hat, oder
des er beschuldigt wirt, sol er in hinfür auf das recht
stellen driu taidinch, vnd sol er sich da von nemen nach
der Herre satze, mag er das niht tun, so sol sin Herre,
der in da behalter, den Schaden für in sezzen den er
getan hat, vnd sol er des Landes vertriben sein, vnd
sulen beide Herren daran behalfen sin, vnd swer, sin für-
baz unterwindet, der soll den schaden allen für in gel-
ten, den er getan hat, oder noch tut, vnd sol dazu
in der acht sin, vnd sol auch in fürbaz entweder Herre
in nemmen. Ist aber daz die Herren daz über varent
nach der Manung so sulen aus ir gesworen Rat zwen
vierzehen tag laisten, an den Steten, als vor geschri-
ben ist. laisten die vierzehen tag, so sulen aber zwein
invaren, des Herrn der da schuldich wirt, vnd sulen
mit samt enen aber vierzechen tag laisten vnd wirt
ez denn in dem vorgenanten Fristen nicht gebezzert, so
sol man die jungen Herren darumb manen, vnd sulen
si darumb laisten, als vor geschriben ist, als lang vnz
ez gebezzert wirt. Man sol auch ein stille vrag haben
jeder Herre in seinen Lant als im aller best fueg biz
sand

sant Gallen tag der nu nachst chomt. Vmb die Prenner nachtes oder tages verheln prennen, sezen wir also, swer die sint, di si behaltent, oder die in Pfenning bingen, di in Botschaft werbent, di in ze ezzen gebent, oder bringent, vnbedungen, oder di in chauf gebent mit willen, daz di all der pen schuldich sin di di Prenner salvieren, ob si begriffen wurten, wer aber daz ein Pawman, oder ein ander arm mann von in bedungen wurde, bi der Naht, daz er in ze ezzen geben muſt, iſt er in einem Dorf, so soll er ruffen, iſt aber er ein anſezzen Mann, ſa ſol er des Morgens ſinen Nacht Pauren, vnd beſunderlich ſinen Richter chunt tun, vnd ſol da mit vnſchuldich ſin. Iſt aber daz ein geſchray an in wirt, oder daz man ſin anders inn wirt, wo er ſi, ſo ſullen alle die nach zogen, die daz geſchray hörent, vnd ſwer des nicht tut der ſol dem Richter Sechzich Pfening ſchuldich ſin, als dick, als er des ſchuldich wert, ez ſi dann daz er ſich davon genemen mug daz er ſin nicht gehöret hab, oder daz in ehehaft noth geirret hab. Swer aber des überwunden wirt, daz er einen ſchachprant getan hat, in ſwelches Herre Land er begriffen wirt, da ſol man über richten als recht iſt, vnd ſol er des Landes immermer vertriben ſin ob er hin chomt. Wir nemen auch ab Chirch gericht, vnd ſetzen daz man richten ſoll auf den alten Schranen vnd Dingenſteten, doch ſulen den Gottshauſen, Grafen, Freien, vnd Dienſtmannen ire Recht beleiben, an ir Dorfgerichten vnd ſwer die ze rebt hat von alter gewonhait. Es ſol auch dehein Herre des anderen Diener in nemmen, war aber daz geſchache, ſo ſul der Herre der ez übervaren hat, in vierzehen tagen denſelben wider antwurten vnbeheiraten, tat er das nicht, ſo ſullen die jungen Herren darinn laiſten als vor geſchriben

hen stet, Ist aber daz in der Herre beheirat, darnach,
vnd er in in nimpt, so sul er in aber wider antwurten
vnd sol die Haußfrawe nach dem Wirt gehören, vnd
sol si dem Herren floren sin, des si e was an alle An-
sprache, Swem sin aigen Mann sin lehen Mann, oder
sin Vogtman in ein Panstat enpfert, folget er im in
einen Jar nach man sol im inlazzen varen versaumt er
sich ein Jar, so beleibt er der Stat, er muug danne be-
reden, daz er sin niht gewest hab, vert aber er auz der
Stat, in ein andere, allez bez Recht, daz der Herre
in der vordern Stat hintz im het, daz hat er auch in
dirre stat, Ez sol nieman auf den andern in varen,
oder laisten, vmb dehein gut, daz hinter zehen Pfun-
den ist, noch Roß noch hengest setzen vmb dehein gut,
hinter drien Pfunden, swer aber darüber Pfening auf
Roß leiht, oder auf den vorgenanten schaden, der sol
die floren haben, vnd sol ener oder der Pfening schul-
dig was ledich sin vor aller Chlag. Ez sol auch nie-
man bheinen Schutzen füren er hab danne drizzich
Pfunt geltes in disem Land, oder er si ein Richter swer
aber anders sogetan Schützen begriffet der sol in die
Hengest vnd die Armbrust nemmen, vnd sul den Schu-
tzen an das gericht antwurten, für einen schedlichen
Mann. Pecklenhauben, gespizten Swert Pordaon
vnd allez verborgens Harnasch, sol allen Lauten verbo-
ten sein, ez mag aber ein Man Pordion in seinen Hauß
haben durch ain Geschray, Swer aber daz überfert in
der Herre Höf in vierzehen tagen darnach, vnd der satz
geofent wirt, den sol der Herre Vrlaub geben vnd
sol im daz Lant verbieten, als lang der Satz wert,
cham er darüber wider in daz Lant, in dem Satze, swem
er dan widerfur der sol im haben allez daz er furt vnd

sul

ſul in an daz gericht antwurten. Vnd ſul man im diu
Hant abſlahen, iſt aber er der Herren Hofgeſind niht,
ſo ſoll im dazſelbe widervaren, als ez vor geſchriben
iſt, Ez ſoll auch dehein Purger in der Herren Stete,
oder in ir Marchten dehein geſpiztes Swert oder dehein
Peckkenhauben oder Purdaun oder dehein verborgen
Harnaſch tragen, tut er ez darüber, ſo ſol er dem Rich-
ter fünf Pfunt, oder man ſol im ab diu Hand ſlahen.
Iſt aber daz er ez zu dem andernmal tut, ſo ſol man
in diu Hant abſlahen vnd niht anders Wandels ven
im nemmen, Vberſicht aber der Richter daz ſi ſoge-
tan Harnaſch tragent, haimlich oder oſenlich, ſo ſul
er ſinen Herren drizzich Pfunt geben ze Wandel, Wir
ſetzen auch daz di Herren den Graven gebieten, daz
ſi ir Landgericht haben vnd ſulen ſi di Herren dazu fu-
dern. Wir wellen auch daß der Brief der in der Va-
ſten zwiſchen den Herren geſchriben ward, an allen ſi-
nen Artickeln behalten werde und auch ſtet ſi an als vil
ob ir etlicher an diſen Brief verchert ſi, Wir ſetzen
auch daz entweders Herren man oder Dienſtman vor
deheinen anderen gericht ze Recht ſte, man chlag dez er-
ſten über in vor dem Gericht, da er inn Hauß vnd
Hof hat vnd ſelbe da ſizte, war aber daz man im des
rechtes da verzig ſo ſoll er anderſwa nindert daz Recht
ſuchen, wann von vns vnd vor den achten, Geſchach aber
daz daz im daz wurd obervaren, daz ſol im vnſcheb-
lich ſein vnd ſulen di Herren ſchafen daz in der Richter
in ſin gewer ſetze, tat er des niht ſo ſulen di Herren
ſchaffen daz der Richter ſelbe dritt laiſt, vnz daz man
in in die gewer ſetze, Swem man vmb raup anſpricht,
der ſol niht allein gelten, daz im ze tail worden iſt, er
ſol halt vmb den ſchaden allen antwurten. Wir ſetzen
auch

auch, daz entweder Herre in des andern Purg noch ander vest gewinne noch pawen sölle dieweil diser Satz wert, vnd swer daz überfur, so sullen die jungen Herren darumb laisten als e. Swellich Richter der Satze ainen übergriffet, der gelt mit der Drigilt, also, daß dem Chlager were ain Tail, vnd dem Herren die zwai Tail, vnd der Richter si des gerichtes entsetzet, vnd wert nimmermer Richter, dieweil dise Satze werden, swelcher Herre daz dem Richter übersicht deselben Herren gesworn Rates sulen zwen laisten, als hie vorn geschriben ist, tunt si des nit in vierzehen tagen, so sulen die jungen Herren laisten als hievor geschriben ist. Alle die Satze die gesetzet sint, als si an disem Brief geschriben sint, sulen stat beleiben vnz an sand Marteins tag der nu schirst chumt, vnd ba nach ein ganzes Jar. Wir Herzog Ludwich vnd Herzog Ott von Baiern verjehen auch an disem Brief, daz Wir alle die satze, die vnser Herre der vorgenant Bischof Heinrich von Regensburg vnd vnser baider Rat gesetzet habent, als si vorgeschriben stent mit allen ir Puncten und Articflen stat behalten wellen, vnd geloben si zebehalten in Aides geweiß, vnd nemen auch den vorgenanten Bischof in dieselben satze in vnd alle sin Dienstmann, Diener vnd Laut, der er gewaltich ist, vnd alles sin guet swie ez genant ist, also ob im oder beheinen dem seinen behein brest widerfur darumb heissen laisten vmb iegelich sache vnser Sun vnd vnser Bruder Dienstman Rat geben, Ritter und Richter als vns selben in aller der Weis als vorgeschriben ist vnd bint auch sich sich der Bischof darzu, daz er sin Dienstman Richter Diener vnd Laut, der er gwaltich ist, dieselben Satze vns vnd den vnsern behalten auf die vorgenanten Zil, vnd daz diße satze alle also stat, ganz vnd unze-

unzebrochen beleiben, darumb haben wir dißen Brief je einen Urkunt gegeben vnd haben auch in versigelt, Wir Bischof Heinrich, Herzog Ludwig vnd Herzog Ott, mit vnsern Insiglen, vnd ist daz geschehen daz Regensburg, do von Christes Geburt waren 1293. Jar des nachsten Pfintztages nach sand Gylin tag.

(S. A.)    (S. A.)    (S. A.)

## XXII.

Bündnis Herzog Albrechts II. von Oesterreich mit Kaiser Ludwigen.

1340.

Wir Albrecht von Gottes Genaden Herzog ze Osterreich ze Steyr und ze Kernden veriethen und thun kundt offenlich mit disem Brief, daz wir Uns zu Unserm Genedigen Herrn Kayser Ludwigen von Rom und zu seinen Erben, und er sich zu Uns und Unsern Erben verpunden und versprochen haben daz wir Uns des Grafen von Schamberg nicht unterwunden noch sy ze dienen wider Unsern Herrn den Kayser emphahen sullen noch wellen und sullen sy auch wider In und sein Erben nit versprechen ze geleicher
Wise,

Wise, soll sich Unser vorgenanter Herr der Kahser und sein Erben derselben Grauen von Schamberg nicht unter wunden noch Sy wider Uhs ze dienen empfachen; und sullen sy auch wider Uns und Unser Erben nicht versprechen, Wer auch daß sich die obgenanten von Schaunberg wider Unsern Herrn den Kahser seinen Erben oder wider sein Landtsäzten, oder icht thaten, so sullen Wür denselben Unsern Herrn mit allen sachen, wider sy beholffen sein, wolten sy sich auch wider Uns Unser Erben oder wider Unser Landtsäzten, oder wider Uns icht thun, so soll Uns der offgenant Unser Herr der Kahser und sein Erben zegeleicher weise wider sy auch beholffen sein mit allen Sachen, das yber zweinem Urkhunde geben Wir in disen Brief versigelten mit Unsern Innsigel der geben ist ze Passaw an aller hailigen abent, nach Cristus Geburt 1340. Jar: